人生が変わる！

「直感」の磨き方

ワタナベ薫

KAORU WATANABE

はじめに

私は、自己啓発の教育を提供する会社と、女性たちに喜ばれる質の良い日本製品を販売する会社、ふたつの会社を経営しています。また、メンタルコーチとして対面セッションを提供していて、これまで多くの女性に関わり、その人の潜在意識に関わる対話を約10年行なってきました。また、その内容を、ブログと書籍、弊社のオンラインサロンにて提供し、今年で13年になります。

私は若い頃、生きるのがどうしても苦しく、それに加えて貧乏生活でした。毎日、家計簿とにらめっこして、100円、200円のお金がどうなるかということにも一喜一憂していました。

しかし「潜在意識」というものをきちんと理解し、その活用法を学んでからは少しずつ、自分の望むところに向かうことができ、今では自分の望んでいたライフスタイルを実現しました。欲をいえば、もうちょっと時間が欲しい……というところですが、仕事も望んだ通りになっています。それは直感の声を聞いてキャッチし、行動することができたから、ともいえます。だからといって、まったく問題がないわけではありません。問題が起きたときにそれらをひとつずつ乗り越える力も、潜在意識の答えをキャッチすることによって養っています。

常に情報が溢れている今の時代は、何を選択すれば良いかがどんどん分からなくなり、悩む時間も多くなっています。そんな中、自分の内なる感覚である「直感」は、何かを選択するときの判断材料となる大切なものです。直感は、あなたの想像以上に将来の可能性を大きくプラスへ導いてくれます。

なぜなら**直感というものは、あなたがこれまで積み重ねてきた経験や知識から瞬時に引き出された、オーダーメイド級の最高の答え**だから。

直感は決していい加減なものではありません。直感力が磨かれれば磨かれるほど、あなたの人生は幸せになり、もし問題が起きたとしても、それによりどんどん知恵が増えていき、望む人生を生きられるようになっていきます。

では、直感はあなたにどんな影響をもたらすのでしょうか？　どのようにすれば磨かれるのでしょうか？　直感だと思って選択したのに失敗した場合はどうなのでしょうか？

本書では、直感に関しての様々な疑問にお答えすると共に、直感をどのように磨いたら良いか、どのように活用したら良いか、秘訣をお伝えしていきます。

CONTENTS

CHAPTER 2

CHAPTER 3

［実践編］今日からできる！直感を磨くトレーニング……143

CHAPTER 1

「直感とは何か」を正しく理解することが、あなたの未来を変える第一歩

1

人の行動を支配する「直感」の正体とは何か

「直感」と「潜在意識」。このふたつは切っても切れない関係です。

まず、後者の潜在意識から説明いたしましょう。

潜在意識とは、人間の無意識の部分です。本人が自覚していなくても、行動や考え方に影響を与えるもので、人は無意識に支配されているといわれています。

あなたもお聞きになったことがあるかもしれませんが、無意識が人の行動を決定する割合は95%とも97%ともいわれており、私たちはほとんどそれに支配されて意思決定、行動をしています。最初に無意識について提唱したのは、精神分析学者のフロイトです。のちに彼の弟子であるユングがさらに仮説を立てて追究し、今の自己啓発という形で受け入れられるようになりました。

もう少し説明を加えると、潜在意識に対して、「顕在意識」という、自分で意識している部分があります。それは左脳の役割に近いもので、思考したり計画したり、未来を考察したり、リスクを計算したりといった、論理的思考です。頭で分かっていること、意識できていることを指します。この顕在意識、つまり意識して頭を使っている部分はたったの3%とも5%ともいわれています。

とてつもなく大きなピラミッドをイメージしてみてください。ピラミッドの土の中に埋まっている部分は潜在意識、地上に顔を出している部分は顕在意識です。顕在意識は、地上に顔を出しているピラミッドのてっぺん、3%くらいの部分とイメージすると分かりやすいでしょう。そして、土の中に埋まっている部分の上のほうは、あなたの習慣や癖といったもので、それも潜在意識の一部です。

そしてもっと底のほうに行くと、あなたのセルフイメージ（自己認知）が、そして様々な経験や知識、知恵（記憶にないものも含む）が収められています。

さらに底に行くと、あなた以外の、現在または過去

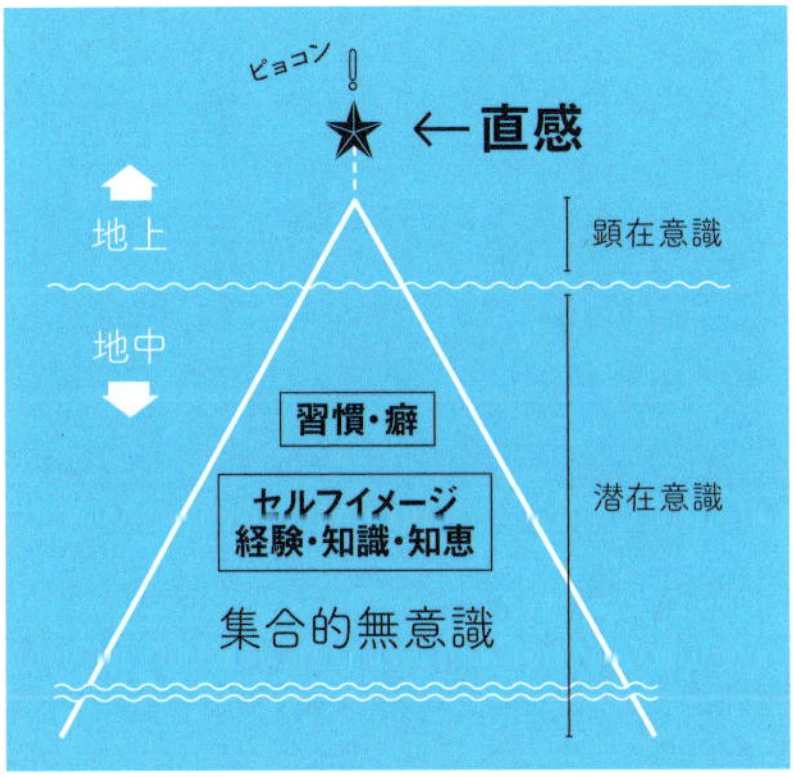

のすべての人々の経験や知識、知恵、スキル……といったものとつながっている「集合的無意識」（偶然の一致やシンクロニシティと関係がある部分ですが、後で詳しく説明いたします）といわれている部分に到達します。それはすべての叡智の源です。

では直感とは何でしょうか？『大辞泉』における定義では、「推理・考察などによるのでなく、**感覚によって物事をとらえること**」とあります。つまり、**考えてからではなく感覚で無意識に意思決定をすること**です。イメージとしては、先ほど述べた大きな意識全体のピラミッドの中から、最も適切で効果のある、あなたにとっての最善の答えがピョコン！と飛び出してきて決まるような感じです。

直感は、一瞬のもので、通り雨のようなものです。思いもよらないときに、アイディアが急にひらめいたり、降りてきたり、フラッシュのようによぎったり、ザワザワしたりして、直感でGOサインとSTOPサインを捉えることができます。

これも後でさらに詳しく扱いますが、潜在意識という大きなソース（情報源）から、ピョコン！と飛び出したものは、あなたにとって最善の答えである、ということを覚えて読み進めてくださいね。

2

なぜ第一印象は、当たることが多いのか

直感は、初めて会った人にも働きます。つまり、第一印象ですね。**人には、初めて会った瞬間に無意識に相手の情報を読み取る能力があります。**初対面であっても、かなりの情報を相手から受け取っていますし、逆に自分もまた、相手に自身の情報を非言語で伝えています。

その印象（の読み取り）は、対面する3メートル手前から始まり、わずか数秒で決まるといわれています。ぱっと見たときの感じと、最初に交わした少ない言葉で、相手が自分に合うか合わないか、いい感じなのか嫌な感じなのかを、なんとなく、無意識にキャッチして判断しているのです。

第一印象は、視覚的情報で決まることが多いです。服装やヘアスタイルなどといった外見、そして、表情や態度。あなたが見たものや、これまで得てきた情報を、あなた自身の

過去の様々な経験から判断して、相手がどういう人なのか直感を働かせるのです。

このことから、外見をないがしろにしてはいけない、というのがお分かりでしょう。第一印象は良いに越したことはありません。外見はあなたの内面を表す最初の部分であり、「形のない名刺」のような役目があるのです。

赤ちゃんや子どもですら、見た目の情報で判断しています。赤ちゃんや子どもは、美しさに関することを親から教えられていなくてもすでに、美しいものに惹かれる傾向がある、という興味深い実験があります。

心理学者のジュディス・ラングロワは、人の顔を写したスライドを数百枚用意して、まず大人に魅力を評価してもらい、次に、生後3ヶ月と6ヶ月の赤ちゃんに見せたそうです。すると、大人が魅力的だと評価した顔を、長い間見つめたそうです。つまり、美しいものに惹かれていることが分かります。赤ちゃんは左右非対称のものより、左右対称のものを、表面がざらついているものよりも、なめらかなものを、長く見つめるそうです（『なぜ美人ばかりが得をするのか』ナンシー・エトコフ　木村博江＝訳／草思社）。

この実験から、**人は、誰かに教えられなくても、表面的な情報で判断している、**ということがよく分かります。

そして、もうひとついえるのは、**内面は外見に表れるものなので、その直感はほとんどのケースで当たっている、**ということです。さらにいえば、どうもこの人の顔が好きになれない、とか、たいして話していないのになんか好きになれない、胡散臭《うさん》い、などの「なんか……」とか「……臭い」といった、**言語化できない「何か」もまた、直感**なのです。

私のブログの読者から、このような質問がありました。

「私は、会社で指導を受けるときや、注意をされるときに、生活疲れが表面化している見た目の人（髪の毛がパサパサだったり、白髪を染めていなかったり、洋服がヨレヨレでくたびれていたり）にいわれると、『あなたにはいわれたくない』と、内心思ってしまいます。同じことを、清潔感のある人にいわれると『ありがとうございます。今後気をつけます』と素直にいえます。なんか、こんなふうに思ってしまう自分はダメだと感じます」。彼女は、罪悪感を覚えてしまうようです。

しかし人は、心理的に、そして無意識レベルで、身なりが整っている人のいうことに、信憑《しんぴょう》性を感じるものです。

その読者の罪悪感は、周りの価値観や昔からいわれている「外見で人を判断してはいけない」ということが念頭にあったからかもしれません。自分はそういう判断はしない、と思っていたとしても、往々にして人は、深層心理（自分でも意識していない心の動き）によって外見で判断してしまう傾向が強いのです。

アメリカの心理学者ビックマンが行なった実験で、興味深いものがあります。電話ボックスの中の見えるところに10セント硬貨を置いておき、しばらくしてから、電話を掛けようとしていた人に声をかけて、「ここに10セント置いてなかったですか？」と質問をしたそうです。きちんと身なりの整った人が聞いた場合、8割弱の人が置いてあったコインを渡してくれたのに対し、身なりが乱れた人が聞いた場合は、3割強しかコインを渡してくれなかったという結果になりました。

これは何を意味しているでしょうか？　同じ質問をしても、人はきちんとした人の言葉を信じる傾向がある、ということです。

心理学用語に「ユニフォーム効果」というものがあります。これは服装が本人の心理や立居振舞いを左右することですが、それを見ている人も、相手の服装によって態度を変えてしまう傾向があります。ですので、人を外見で判断してしまったとしても、罪悪感を覚えることはありません。内面は外見に表れるものですし、人は、本能的にキレイなものが好きですから。

ここでの教訓はこう。あなたの潜在意識下では、**初対面の際、特に第一印象でその人を判断していますが、その判断は往々にして当たっている、**ということなのです。

身だしなみをきちんとしない人、不潔な人、カバンや財布の中が雑然としている人……こういった人は、自分のみならず、他の人に対してもそういう部分が表れるもの。人はそれを無意識にキャッチして、自分もそう扱われるかも……と直感しているのです。

逆に、**清潔感に溢れて、身だしなみもキレイに整えていて、丁寧な所作をしている人を見ると、人は、自分もそう扱ってもらえる……と無意識にキャッチしています。**

ゆえに、ある程度の外見は大切、ということです。

ｇｏｏの「『正直、無理…』と思う女性の特徴ランキング」では、清潔感がない、ムダ毛が未処理、露出が多い、化粧が濃いなど、外見に関する理由がランキング上位を占めていました。外見の印象が、人に与える影響は大きいのです。

しかしながら、第一印象が外れたり、出会ったときの直感が外れたりすることはときどきあります。特に例外なく外れてしまうのは、損得勘定をしたとき。自分にとってプラスになる人だ、なんて思うと、直感が鈍り、危険信号を無視して左脳的に得をするほうを選んでしまいがちです。

直感で選んだ人と最終的に別れることになったとしても、直感が間違ったわけではなく、お互いが成長し変化する過程で、どちらかが大きく変わってしまった、というだけのこともあります。それは判断ミスだった、とは言い切れないもの。追って詳しくお伝えいたします。

3

直感が働かないのは、心の声に素直になっていないから

心、つまりハートはどこに属する部分だと思いますか？　頭でしょうか、感情でしょうか？

迷ったときに、「胸に手を当てて、よーく考えてみること」などといわれることがあるかもしれませんが、心は感情に近いものがあります。感情と直感は似ているように思えますが、違う感覚です。

直感は、ひらめくもの、答えが降りてくる感覚があるもの、「ビビビッ！」と来たり、通り過ぎていったりするもの。それに対して**心の声は、あなたの気持ち、感情がじわじわ来たり、心が素のまま強く動いたりする、という感覚です。**

何かを決めるとき、直感だけではなく、心の声も大切です。忙しい生活をしていたり、問題が山積みになっていたり、疲れがたまっていたりすると、自分の心の声、つまり「本

音」は何なのか分からなくなることがあります。そうなると、自分が何をしたいかよく分からず、問題に直面したときに対処できなくなるので、安易に他人にアドバイスや答えを求めたり、行動に移したりします。自分の心の声を聞き自分で決定する前に、たとえば占いに頼った場合、自分で決定できないために次から次へと占い師さんのもとへ通い、占いのはしごをしてしまう可能性もあります。しかし、それはとても危険なこと。自分の人生を生きられませんし、誰かに自分の手綱を渡してしまった状態になるので、有意義な人生を送れません。そして、直感が鈍ってしまう原因のひとつにもなります。

もちろん、占いは悪くはないですし、他の人の意見が参考になることもたくさんあります。ですが、まずその前に、自分の心に意識をしっかり向けて「私は、本当はどうしたいの？」「この件については、どうしたら解決できると思う？」と時間をかけて考えてみると、案外答えが見つかるものです。

自分に問う習慣を持ちましょう。そうすることで、潜在意識に蓄積されたあなたの経験と学びと知識の中から最善の答えが見つかります。自分に質問をすることの重要性については、後で詳しく扱います。

直感が働かなくなるときというのは、往々にして疲れているとき、考え事ばかりしているとき、心が落ち着かない状況のとき、問題に見舞われているとき……つまり、本当の自分を生きていないときです。また、周りの目ばかりを気にしていると、直感も潜在意識の声も、心の声もキャッチできません。

そんなときは、ちょっと立ち止まって、深呼吸し落ち着いてから、心の声に耳を傾けてみましょう。直感が働かないような息苦しい状況は、「身体《からだ》を休めよう」のサインだったりするのです。

たまには、思い切って1日か2日ほど休んでみるなどの、大胆な決断と行動が必要かもしれません。たくさん睡眠をとって、おいしいものを食べて、家にこもって好きなDVDを観たりしましょう。

私がお勧めするのは、お笑いやコメディのDVDやYouTubeをまとめて観ることです。声を出して「わはははは!!!」と笑えたとき、本当の素の自分に戻れるものです。悩みも苦しみも息苦しさも、笑いで流してしまいましょう。そして温泉にでも入って、しんどさも汗と一緒に流すのです。

心の声を聞き、潜在意識や直感をキャッチするためには、誰かに決定権を委ねていない素の自分でいること。これはとても大切なことなのです。

4

直感が働いたらすぐ行動。最善の答えを逃さない！

直感というのは通り過ぎる感覚に似ていますから、それを捉えてすぐに行動しないと逃してしまいます。 すべての成功者に共通している特質は、直感が働いたらすぐに行動に移している、ということです。

『思考は現実化する』（きこ書房）の著者、ナポレオン・ヒルは、実業家のアンドリュー・カーネギーから、「新しい哲学のプログラムをつくるのを手伝って欲しい。世の成功者500人へのインタビュー、そして編纂には20年位かかる。やるか、やらないか、イエスかノーで答えて」といわれました。500人へインタビューし編纂に20年もかかる、といわれたら、誰でも、「じっくり考えさせてください」ということでしょう。そして、大抵の場合、興味があったとしても、じっくり考えているうちに、最初の「やってみたい」という興味がどんどんそがれてきて、「イエス」の返事ができないものです。

ナポレオン・ヒルはその話をもらったときに、「ほら、何をためらうことがある。イエスと答えろ」という心の声が聞こえてきて、「やらせてください」と答えたそうです。そして引き受けた後に、カーネギーからすごいことをいわれました。「ただし、金銭的援助は一切なしだよ」と。それでも、ナポレオン・ヒルは「イエス」と答えたのです。その答えを出すまでに、29秒。カーネギーは、ナポレオン・ヒルが答えるのにもし1分以上かかったら、この話はなかったことにしようと思っていたそうです。

ナポレオン・ヒルは、直感の声に従いました。結果は、皆さんご存じの通り、『思考は現実化する』の執筆によって、歴史に名を残すような人になりました。ナポレオン・ヒルは、「失敗の最大の原因は決断力の欠如にある」「優柔不断は誰もが克服しなければならない大敵である」と述べています。

直感は、急に降ってくるものであり、そしてチャンスは、本当に素早く過ぎ去ってしまうので、チャンスがいつ来てもいいように、直感トレーニングをしておきたいものです。「ピン！」と来たら「すぐに行動！」が基本なのです。そして、**急いでいるときは、意識よりも無意識の力が働きやすいので、あなたにとっての最善の答えを教えてくれることが多い**のです。

5

思わぬひらめきは、全人類が導き出した答えである

潜在意識と直感、そして潜在意識の奥底にある集合的無意識について、もう少し詳しく説明いたします。直感は、情報量の多さに左右されます。ですが、思いもよらぬような、聞いたことも見たこともないような、人智を超えた素晴らしいひらめきが訪れることがあります。それは仮説ではありますが、「集合的無意識」から来るものだと私は信じています。

スイスの精神科医、カール・グスタフ・ユングが提唱した分析心理学の概念で、集合的無意識というものがあります。意識には3つあり、最初に説明した通り、**①顕在意識（頭で分かっている意識）、その下が②潜在意識（無意識）、そして最後に③潜在意識に含まれる集合的無意識、となります。③の集合的無意識は、世界中の人と人がつながっている叡智の宝庫です。**

通常、記憶は脳に保管されていると考えられていますが、中には、全人類の記憶の保管

場所が集合的無意識ではないか、という仮説を立てて考えている人もいます。

もし、この仮説が本当ならば、思いもよらないようなアイディアが湧いたり、聞いたこともないようなことが浮かんできたりして、この知恵はどこから来たのだろう？　と思うとき、少し腑《ふ》に落ちるような気がします。

ときどき、とても不思議な経験をします。私のコーチングセッションは、クライアントにスピリチュアルのマスターやメンター的な立場の方が多いです。私自身にその種の能力はないのですが、彼女たちから質問を受けたときに、私は自分の知らないことなのに、その質問の答えをペラペラと話していて（もちろん意識はありますが）、彼女たちに必要な情報を提供する、ということが幾度となくありました。それは私が聞いたこともなければ学んだこともない分野です。ちょうど心理学を学んでいた私は、集合的無意識とつながったとき、こういうことが起きるのではないか、ということを体感しました。

「フロー状態」というのは、完全にある物事に集中している状態、のめり込んでいる状態を指します。トランス状態になったかのように集中することが、皆さんにもありませんか？

そのような状態のときというのは、潜在意識の扉がパッカリ開いています。インプットしたものが最も身につきやすいときでもあり、潜在意識からあなたにとって大切なことを教えてもらうのに最適な状態です。集合的無意識からの情報も飛び出してきやすいのかもしれません。

決断と行動が素早いことが成功する人の共通点ですが、もしかしたらそれは、全人類とつながっている集合的無意識から情報を取り出すことが上手なのかもしれません。成功する人は、それにより最高の選択と決断ができます。しかもその決断までの時間は、秒単位です。

ちなみに、「トランス状態」とは変性意識状態のことであり、簡単にいうと、ものすごく集中していたり、または眠くなってウトウトしていたりする、意識が朦朧《もうろう》としているような状態です。脳波がアルファ波（心身ともにリラックスした状態）からシータ波（睡眠に入るときや浅い睡眠のときなど、ひらめきが生まれやすい状態）になるときに最も起きやすいといわれています。

あなたにも次のような経験があることでしょう。友達に連絡しようと思ったら、その友達のほうから連絡が来た、とか、「久しぶりに○○のスイーツが食べたい」と思った日の夜に、夫がそれを買ってきたとか、自分が興味を持ったことを友達もやっていた、などなど……日常生活の中で当たり前のようにあるでしょう。

それを偶然と捉えるのか、それとも集合的無意識でつながっているから、そのようなことがよく起きるのだ、と思うのか。あなたはどちらでしょうか？　心と身体の状態をよくしておけば、集合的無意識とつながって良い情報を得ることができるので、あなたはあなたにとっての最善の答えを得ることができます。

6

多くの人が間違いやすい「衝動」と「直感」

「直感なのか、衝動なのかよく分からない」。あなたはそのように感じたことがありますか？少しずつ説明していきますね。

それぞれを簡単に説明すると、**直感は、おおざっぱにカテゴライズすれば第六感といわれている感覚、勘に属します。**

しかし**衝動は、感情に近いものです。**湧き上がる感情には勝てずに、迷いや不安を打ち消してでも、行動にまで至ってしまうもの。理性が働かない状態です。

実際にあった例で説明しますね。ある女性が私のコーチングセッションに申し込んだ動機は、日常生活の中で何度も私の名前が、キーワードのように出てきたからだそうです。この方は、私という人物に直感が働いたようですが、このように直感は、「キーワード」のように何度か降ってきたりします。そして、その方は、「その直感は無視するにはあまりに大きいものです」といって、私のコーチングセッションに申し込んできたのです。

つまり、それを無視しようとするとなんとなく違和感があり、無視してはいけないような気がする……と心の奥底などで感じるのが、直感です。

もう少し説明を加えますと、**直感はひらめきのようなもの。「パッ！と降りてくる」という感覚で、間違いのない確信があります。誰かに相談するようなレベルではなく、瞬時に確信に満ちて、自分で決断できるようなもの。**それを無視して通り過ぎようとしても、気になって気になって仕方がないものです。

しかし、直感での判断でも、時間というものが、判断を鈍らせることがあります。「あのコーチングセッション、申し込んで良かったのかな？　高額だったし……今ならキャンセルできるよね」と後から考えるのは、顕在意識の仕業。理性が働き過ぎて言い訳の声が聞こえ始めることがありますが、後からそう感じるのは、逆に、最初の感覚が直感である、ということを知るバロメーターにもなります。

直感は、潜在意識からのメッセージです。ときには、「ああ〜、直感で選んだと思ったのに、裏目に出た〜、失敗したー！」と、決断を間違ったと思うことがあったとしても、長い目で見ると、「あのときの直感は正しかった」ということも分かるようになります。

本書の最後にも詳しく書きますが、直感だと思ったのに失敗したとしても、それもまた想定内なので大丈夫なのです。

直感については理解できたでしょうか？

では、次に「衝動」についてです。分かりやすいたとえは、「衝動買い」です。衝動買いのときの状況を思い出してみてください。

最初に感情が来ます。「わー！　素敵！　欲しいな〜」と。しかし、どこかで「いや、この前も似たようなものを買ったばかりだし、我慢しないと……いや、でも欲しい！　えーい、買っちゃえ！」というような感情が内なるところで高速で流れます。そして行動に出る。

どこかに不安や恐れが付きまとい、これでいいのかな？　と迷いがありつつも、思考を使わず突き進む。これが衝動です。

直感と似ているようで、まったく種類が違うことがお分かりになるでしょう。直感は、迷わない。GOサインなのです。

7

運命の恋は、一目惚れから始まる

一目惚れは、初めて会ったときに目が離せなくなり、まだ何も会話していないのにときめき、その人に惹かれる感覚。瞬時に「出会ってしまった……」「この人と結婚するかも」とよぎった、との話もよく聞きます。これは、紛れもなく、潜在意識、直感からのメッセージです。

アメリカで行なわれたある調査で、「一目惚れからの恋愛はうまくいく！」というデータがあります。一目惚れから長いお付き合いや結婚に至ったカップルは、なんと70%もいたそうです。しかも、一目惚れの出会いから結婚した人々の離婚率はとても低い、ともいわれています。一瞬で始まる恋なのに、なぜそんなにうまくいっているのでしょうか。

私たち人間は、潜在意識で体臭に含まれるフェロモンを嗅ぎ分けているそうです。「フェロモンセンサー」と呼ばれています。強い子孫を残すために、自分の遺伝子とは違う遺伝子を匂いで無意識にキャッチできるようになっているということです。

直感で「ビビッ!」と来た相手は、自分にとって好都合な遺伝子である可能性が非常に高いといわれています。つまり、人間には無意識でそれを感知するセンサーがあるので、どの人が自分に合っているのか本能的に分かるのです。

確かに私の経験でも、相手の匂いがどうしてもダメ、ということがよくありました。それは直感レベルでの察知能力のひとつなのかもしれません。

また、別のケースとして一目惚れするときは、自分の顔の輪郭やそれぞれのパーツ、目や鼻の形などが自分と似ている人に無意識に好意を抱く傾向があるとも言われています。よく、「夫婦の顔がとても似ている」とか、「ペットは飼い主に似る」といわれますが、実はそれは最初から、自分に似たものを無意識で選んでいることも多いのです。

「一目惚れなどで心を動かされず、相手をよく知り、長くお付き合いして、それから結婚を考えるべき!」とアドバイスしている方もいらっしゃいます。確かにそれも大事です。でも、自分の直感が当たっているかどうかをじっくり確かめてみるのもいいと思います。

もし、あなたが「ビビッ」と来て一目惚れした相手がいるならば、生涯の伴侶になる可能性が高いので、その人に近づいて、自分を知ってもらえるように努力したり、本当に自分の伴侶としてふさわしいのかどうかを知ることはいいことだと思います。

私の知り合いの女性は二十数年前、ある男性に一目惚れしました。たまらなく好きで、自分から積極的にアピールしたそうです。しかし、残念なことにその男性には付き合っている女性がいたので、断られてしまいます。そうなった場合、大抵の人は、そこであきらめてしまうことでしょう。ですが彼女はあきらめませんでした。「自分の結婚相手は彼しかいない！」と直感が何度も語りかけたそうで、彼にアピールし続けたようです。やがて彼は交際相手と問題が起きて別れることになり、その女性と結婚し、20年以上経った今も仲が良く、ふたりともいまでも恋愛感情があるそうです。20年以上経っても恋愛感情があるとは素敵なことですね。

一目惚れをしたとき、「その人を知らないし外見だけで惹かれているのかもしれない」と考える必要はありません。それは直感からのGOサインの可能性が高く、そしてフェロモンセンサーのおかげかもしれないからです。一目惚れしたとき、ちょっと真剣に考えてみてもいいかもしれませんね。

そして、**一目惚れした人のほうが、相手よりもより深く愛するという傾向があ**

ります。それと、男性の一目惚れのほうが、その直感は当たっているケースが多いです。

なぜなら、男性は、左脳で情報を論理的に整理し割り切ろうとする思考の人が多く、右脳の直感的思考を使うことが少ないので、いつも使わないものが働いたときのインパクトは大きく、直感だと分かりやすいからです。

女性は主に感情を使っている傾向があり、感情と衝動と直感がごちゃまぜになっているので、実際にはどれが直感なのか分かりづらくなりがちです。

しかし男性は理性的、客観的で顕在意識をより多く使う傾向にあります。そんな中で直感が働いたとき、確信が生まれるのです。「いつもと感覚が違う！」と。ですからあなたが一目惚れされたほうであれば、真剣にお付き合いや結婚を考えても良いかもしれません。

8

「運命の人」とは出会うことになっている。それは、ひとりとは限らない

運命の人と出会いたいと思っている人は多いでしょう。では、「運命の人」とは、どのような人のことをいうのでしょうか？

一般的にいわれている「運命の人」と、私が思う「運命の人」とは定義が違うようなので、最初に少し説明しておきましょう。

一般的には「運命の人」とは結婚相手を指し、そして、生涯共に添い遂げる人、と認識されているかと思います。しかし、私が思う「運命の人」は、そうではありません。**出会いも別れも必然のことであり、人生を歩む中での成長の一環なので、「運命の人」はひとりではなく、たくさん出会うと思っています。**ここでは、結婚相手、そして私が思っている「運命の人」に出会う方法についてお伝えいたします。

まず、そうした結婚相手や「運命の人」に、出会いたい！　という欲求があること自体、

そういった未来があるはずだということです。ですから、これまでなかなか出会えてこなかった人でも、今後ちゃんと出会える可能性は大きいといえます。

私も、離婚した元夫に関していえば、彼もまた、私の長い人生の中の非常に重要なステージで一緒だった「運命の人」でした。

出会ってから約18年の期間を一緒に過ごしましたが、もし、私の人生が80年あるとしたら、4分の1弱の期間を過ごしたことになります。しかも彼は、今私がこうやって「ワタナベ薫」として仕事ができるようになるまでの非常に重要な期間を、ビジネスでも共に走った「運命の人」でした。

「出会いは必然」とよく言われています。あなたが、もし心から運命の人との出会いを望んでいるなら、いつか出会うようになっているということ。

つまり、あなたの運命は、変更や調整は可能だとしても、出会いに関してはおおまかなストーリーは決まっているのです。

なので、躍起になって探さなくてもいつかは出会えることでしょう。もちろん、婚活などをして自力で出会うこともあります。出会いのシチュエーションは様々だからです。

しかし、厄介なのは、お互いが赤い糸で結ばれているにもかかわらず、その糸がこんがらがっているケースです。お互いに今生で出会う予定があるのにもかかわらず、その必然さえもブチ壊してしまうほど**自分のメンタルや思考、感情の状態が悪ければ、出会いもうまく作動しなくなっていきます。**

直感や潜在意識が閉鎖した状態になっていると、相手が近くにいても、運命の人だと分からなかったり、自分の理想の条件に縛られ過ぎているがゆえに、出会う予定だったはずが出会わなかったり……なんてことが起きてしまうのです。運命の人と出会えなくさせている要因は、以下のようなことが挙げられます。

- 自分を大切にしていない
- 非常に疲れている状態が続いている
- 心と時間に余裕がない
- 自分を喜ばせていない
- 自分を卑下、否定している
- 無理をしている
- 本当の自分ではない

このような状態が続いていると、**自分がどんどんくすんでいき、本来持っている**

キラリと光るものが濁ってしまうので、約束していた相手に見つけてもらえなくなってしまうのです。

あなた自身が、ゆるやかに、心穏やかに、心地よい状態であるときに、あなたらしさが輝き、相手の目に留まるのです。本当の自分を押し殺し、本当の自分でいないと、相手から見つけてもらいにくいわけです。

もしかしたら、「結婚しない」と人生のシナリオを設定してきた人もいるかもしれません。しかし、運命とは決まりきったものではなくて、変更可能なもの。本にたとえるならば、最初にあらすじや目次の部分をつくっていても、その後の変更は自由にできるのです。あなたが望めばいつでも変更可能なものなのです。

心から望めば出会えます。しかし、望んでいてもある種の行動が伴わないと出会いの確率は下がります。出会いの可能性を高めるにはまずは身なりを整えたり清潔にしておくことは必須。先述した通り、人は無意識に他人を外見で判断しているからです。美しさは、誰の目にも心地よいもの。あなたの美しさを発揮してください。楽しいことをして心から人生を楽しんでください。そうしていれば、あなたというダイヤモンドの原石は輝きを放っていきます。

しかし、それでも出会えない場合、できることをやったら、あとは流れに任せてみることをお勧めいたします。そんな中でもあなたが心地よいことや好きなことをしていれば、**運命の人に見つけてもらえるでしょう。**

9

シンクロニシティに秘められた重要なメッセージを見逃さない

潜在意識からのメッセージのひとつに、「シンクロニシティ」というものがあります。シンクロニシティというのは、「意味のある偶然の一致」のこと。

迷っていることに対して、GOサインを意味することや、また似たような何かが2度、3度重なります。同じようなことを見たり聞いたりするなど、あなたに対する強力なメッセージが訪れる場合があります。

多くの人は、ただの偶然だと思い、何もすることなくスルーしてしまいます。しかし、ちゃんとメッセージを受け取れるようにアンテナを立てていると、ただの偶然の一致ではないことが分かるのです。それを自覚するために、アンテナでキャッチするトレーニングを重ね、データを取っておくことが必要です。

必要な情報は、実はいつも降ってきていたり、通り過ぎたりしているものです。読んだ本にあったメッセージだったり、友達が偶然に口にした言葉だったり、新聞の見出しだったり、テレビドラマでなんとなく耳にしたセリフだったり……と様々です。

つまり、あなたが潜在意識の中で迷っていることへの答えを求めていると、脳内アンテナが立ち、必要なメッセージをキャッチしてあなたの目や耳に入ってくるのです。

入ってきた情報にピン！　と来れば直感ですし、2回あったら、「あれ？　やっぱりそう？」と思うでしょうし、3回あったらさすがに、鈍い人でも、それが答えにつながる情報だと分かることでしょう。それらは強力なシンクロで、メッセージなのです。似たような情報を何度も聞く場合は、その意味を考えましょう。

ときどき、次のようなことがあるかもしれません。あることをするかどうか迷っていて、潜在意識ではGOサイン。なのに、いろんな言い訳やできない理由を探し出してしまい「無理だ」という声が聞こえる。後者は頭で考えていること。新しい何かをしようとすると、とりあえずこのブレーキがかかるものです。

このような場合、ぜひとも覚えていて欲しいのは、**最初にGOサインが出たのに、時間が経ってからSTOPが出るのは、ただそこに飛び込むのが怖いだけである、ということ。**言い訳は、潜在意識や直感ではなく顕在意識から出るもの。計算や損得勘定をしたときにブレーキがかかります。新しい世界に行くには勇気が必要で、恐れの気持ちが強いと結局それを選択しないこともあるのです。

GOサインが何回も何回も、いろんな形であなたに語りかけるとき、いつもより強いメッセージです。決して、通り過ぎないでください。シンクロニシティのメッセージによって、人生が大きく変わるようなこともありますので、偶然として片付けるのではなく、見逃さないようアンテナを立てておきましょう。

10

チャンスの神様は逃げ足が速い。ひらめいたら、すぐつかむ！

まず、直感がどういうものかおさらいしましょう。

- 最初に思いついたこと
- ふと思いついたこと
- 「なんとなく」という言語化できない思い
- 後からブレーキがかかるのは左脳的に考えた答え
- 後から出てきたのは、計算
- 直感は、よぎるような速さ
- 速いものだから、忘れるのも早い
- あまりにも速く通り過ぎるので、重要なのかが分からないときもある

ギリシャ神話に、カイロスという神がいます。カイロスという名前は、ギリシャ語で「機

会（チャンス）」を意味する言葉がもとになっているそうです。風貌が特徴的で、その彫像は前髪が長いですが後頭部は禿《は》げています。このことから、「チャンスの神様は前髪しかない」といわれ、「好機はすぐに捉えなければ後から捉えることはできない」という意味を持つことになったそうです（『ギリシア・ローマ神話辞典』高津春繁／岩波書店）。

以前、このようなことがありました。私のコーチングに申し込んでくださった方がいました。おかげさまで長い間満員でしたが、ダメ元で熱意で申し込んでくださっていました。私が申し込み動機などを読み、直感で「今のこの人にはコーチングが必要！」と判断した人のみ、お引き受けしていた時期がありました。

起業しているその女性もまた、私が募集していないことを知りながらもダメ元で申し込んでくださいました。人生の転機だったようで、なんとかコーチングを受けたいという熱い思いを拝読しました。ちょうど枠が空いたのですが、この方のために空いたのだと思ったくらいでした。それでお引き受けいたしました。

しかし、その方は申し込んだ後、「本当に自分が受けていいのだろうか？」「もしかして、衝動だったのではないだろうか？」とあれこれ考え、なんとなくブレーキがかかったようです。せっかくチャンスが来て門が開かれたのに、その方いわく、このブレーキこそ直感だと思い、コーチングは受けないほうが良い、と判断したそうで、後日お断りの連絡が来ました。

直感というのは、最初に感じたことです。後からのブレーキというのは、人生の変化への恐れやお金を使うことへの言い訳。それは顕在意識で考えた結論です。

しかし彼女は、私のコーチングのことが頭から離れなかったようで、やっぱり受けたほうが良いのではないかと思うようになり、数ヶ月後、謝罪と共に、もう一度申し込んでこられました。しかし、時すでに遅し……で、残念ながら枠がなかなか空かずに、お引き受けできませんでした。門は閉じられてしまったのです。最初に下した判断は直感からでしたが、その後で顕在意識がブレーキをかけてしまいチャンスを逃してしまったのです。

カイロスは逃げ足も速いようです。ときどき、カイロスはビッグチャンスを持って、笑いながら（勝手な想像ですが）通り過ぎることがあります。「あはははぁ～ん、ボクの前髪をつかんでごらぁ～ん」といいながら（笑）。私は若いとき、このチャンスの神様を何百回も逃したと思います。

カイロスは本当にすごいスピードで通り過ぎます。 あまりにも速いので、若い頃はもたもたしていていつも前髪をつかみ損ねていました。しかし、人生の後半戦に突入して、心理学やコーチング、そして成功哲学を学ぶようになってからは、思考と行動がセットになるくらい、決断と実行が速くなりました。最近ではカイロスを待ち構えて、真正面から前髪をつかめるようにもなりました。

直感や潜在意識の声は、大抵の場合、最初に出たものなのです。後から出たものは、左脳的思考、リスク回避、計算などです。カイロスがすごいスピードであなたの前を通り過ぎてしまったとしても、次こそは彼の前髪をつかめるように自分を整えましょう。

ふと思ったこと、ふと感じたこと、ふとひらめいたこと、ふとよぎったことを逃さないようにしましょう。その「ふと」思うところ、ひらめくところに、あなたの成功の金の種が潜んでいるのですから。

11

人生のビッグチャンスを逃してしまう人の残念な習慣

チャンスは平等にやってくるものです。チャンスといっても、規模はそれぞれで、その人のステージに合ったチャンスが、必ずやってきます。誰でも、今の自分を超えるチャンス、次のステージに行くことができるチャンスが、人生の中で必ず何度か訪れるものです。

行動力がない人であっても、チャンスが必ず巡ってきます。

小さなチャンスは、すべての人に数多《あまた》やってきます。人生が変わるほどのビッグチャンスになると、人生で2、3回くらいあります。

運がいい人は、チャンスがやってくると、それをつかむことが無意識にできるので、さらなるチャンス、次のステージへ向かうチャンスが巡ってきます。

運の悪い人のところにも、ビッグチャンスが来ます。しかし残念なことに、人抵の場合は逃します。なぜならば、これまでの運が悪いサイクルと行動と習慣によって活かすことができないようになっているからです。

あなたは運がいいですか？　悪いですか？　少しでも悪いと思った方に、ビッグチャンスを逃さないために必要なことをお伝えします。大きな波に乗るには、普段から小さな波に乗れるようにしておいたほうが良いです。つまり、**小さなチャンスをちょこちょこつかめる態勢になっている必要があります。**そこから、大きな波、チャンスに乗る練習をするのです。

チャンスを逃す人の傾向というものがあります。チェックしてみましょう。あなたはいくつ当てはまるでしょうか？

□自信がない。
□いつも悪習慣に戻ってしまう。
□怠惰である。
□手放すことが怖い。
□いつも二兎を追ってしまい、結局一兎も得ない。
□決意、決断ができない。
□楽をしようとばかりする。

□努力するのはバカバカしい。
□遠慮深過ぎる（謙虚過ぎる）。
□感謝の気持ちが薄い。

これらの傾向がある人は、残念ながら小さなチャンスも大きなチャンスも逃すことが多いのです。特に、最後の**「感謝の気持ちが薄い」人は、ビッグチャンスをつかむ行動力があってもそれをキープすることができません。運のほうから離れていくパターンです。**一旦は舞い込んできたビッグチャンスを自分の「感謝の念のなさ」で失ってしまった後というのは、最初のときよりも悪い状態になるので要注意です。

チェックリストの反対を意識するようにしましょう。「自信がない」という人は、失敗を恐れているのでしょうから、「失敗してもいい。何も失うものはない。一か八かやってみるか！」の精神で、行動してみることです。

「楽をしようとばかりする人」も、チャンスをつかめません。チャンスをつかむのに必要なのは〝素早い行動〟だからです。先述の通り、チャンスはすごい速さで去っていくのですから。行動できない人はつかみ損ねます。

「努力するのはバカバカしい」と思っている人は論外ですが、一生チャンスはつかめません。ここでも行動が関係するからです。成功も、あなたが望む人生の新たなステージに行くことも、結局は行動なしには無理なのです。

あなたは、チャンスをつかむ人でありたいですか？　そうであれば、チェックリストの中で必要な項目は何か考えましょう。また、「怠惰」「フットワークの重さ」はチャンスを逃す要因の中で最大のものです。気をつけましょう。

12

それは直感に導かれた行動か それともエゴを満たすための行動か

「自分の内なるところから来る声を大切にする」とは、どこの自己啓発セミナーでもいわれており、とても大切なことです。ですが、「内なる声」は直感や潜在意識からの声だけではありません。感情的なものや自分勝手な欲望、つまりエゴなどから発せられることもあります。

エゴからの声によって決定したことを、周りの人々への影響をさほど考えることなく衝動的に行動に移してしまうと、最初は良くても後で悪いことが起きることがあります。もしかしたら、自分だけではなく自分が関わる人にも悪い影響を与えてしまうかもしれません。

人は、互いに影響を及ぼし合っているものです。人間は、集合的無意識でつながっているとお伝えしましたが、この仮説が正しければ、自分と他人はつながっています。

直感ではなく感情で決定する場合、感情自体には良い悪いなどのカテゴリはないものの、とはいえ、妬み、悲しみ、絶望、怒りなどのようなネガティブなものや、身体に害をもたらすものもあります。そういった感情を抱いたときに、フィルターがかかり、間違った決定と行動をしてしまうことがあります。感情に動かされて決定し行動するときは、必ず理性もセットにしておく必要があります。

愛や喜び、優しさ、ワクワク感、楽しさ、といった**ポジティブなものがベースにあれば、素直にその感情に従っても大丈夫ですが、そこに利己的な気持ちや周りのことを考えられない視野の狭さ、衝動的なもの、またはネガティブな感情があると危険が伴います。**

特に最近は、「好きなことしかしない！」「やりたいと思ったことは、誰にも遠慮なく、自分勝手でも、他の人に迷惑をかけてでもやる！」という風潮があります。

エゴの声の見分け方は非常に簡単です。周りのことを考えられない、自分のことしか考えられない、それを選択して行動に移した後のことを考えられない、という特質があります。これは利己的なものです。

自分がやりたいことのために、他の人を犠牲にしたり、他の人を悲しませたりすることなどがあってはなりません。耳を傾けるべきは、エゴのようにわがまま放題ではなく、周りの人々をも考慮に入れ、理性的に考えることができる、あなたの本質である魂の声。

理性的に考えた結果、ストップするかもしれないですし、ちゃんとリスクヘッジしてから行動するかもしれません。いずれにしても、感情だけに動かされて行動するのではなくて、感情が湧き上がってきた場合は、理性もセットにする必要があるのです。

では、愛が動機ならエゴではないのでしょうか？　愛という良い動機でも、他の人との関係性によってはそれがエゴになる場合もあります。私の経験ですが、こんなことがありました。

経済的に余裕が出るようになってからですが、私は親に新築の家を建ててあげたい、というひとつの目標ができました。リウマチで身体が痛い母のために、キッチンに手すりをつけて動きやすくし、トイレを寝室の近くにもつくって、夜中でも楽に用を足せるようにしてあげたい……と考えていました。私は、それは紛れもなく愛だと思っていましたから、何度も母に話していました。そのたびに母は、「いらないよ〜。自分のためにお金を使いなさい」といっていたのですが、それを私は母が遠慮しているのだとばかり思っていました。

その後、できれば早いほうが良いかと思い、改めて母に確認したのです。母の本心は、「いらない」というものでした。

もう歳《とし》なので、建て替えのために引っ越したり、家の中のものを片付けたりすることが非常に負担だから、もう、この古い家のままでいい、とのことでした。私もめんどくさがりに関しては母譲りなので、その気持ちは痛いほど分かりました。

新築の家で心地よく過ごして欲しい、という愛が動機でしたが、親の気持ちを無視して、家を建ててあげたいという自分の欲求を優先し、もしそれを押し通していたら、動機がいくら良くても結局エゴになっていたということです。その話をしてから3年後に母は亡くなりましたが、不要な片付けや引っ越しをせずに済み、母のためにはそれで良かったのです。

このことから、ひらめいたことがエゴになるのか、魂の声になるのか？　ということは、周りの人々のことを考えればすぐに分かる、といえます。

どうしても自分の欲求を最優先させたい！　という気持ちがある場合は、それにより生じる苦難や試練、非難や損失などをすべて受け入れる覚悟をして、それでもやりたいと思うなら、自己責任の上でやったらいいと思います。これもまた人生の中のひとつの「貴重な経験」になるからです。

例外はありますが、何かを決定するときに、自分と他者への愛が関係している場合は、往々にしてGOサインです。それは自己愛のみならず、他者をも包含する高い視点での愛です。

聖書には「隣人を自分自身のように愛しなさい」という言葉がありますが、これは、自分と隣人両方を愛することを意味します。**自分の欲だけを満たしたい、という「我欲」を、「魂の声」と誤解してしまいがちですが、注意が必要**なのです。

我欲とは自分の利益だけを最優先することだからです。相手のことなど考えずに、利己的な行動をすることです。

仏教の「今、ここ」を誤解して、「今が良ければいいでしょ？ 今が楽しければ、別に未来なんて考える必要はないよね？」と、自分さえよければ的なジコチュー、利己的に振る舞うのは論外です。それは非常に近視眼的な判断です。

すべての意識はつながっているとお伝えいたしました。それは、いい方を換えると、結局、皆ひとつであるわけです。であるならば、**我欲、エゴで生きていると、他者にも影響があり、そして放ったエネルギーは回り回って結局自分に戻ってくる**のです。

そのリターンは、数日後なのか？ 数週間後なのか？ 数ヶ月後なのか？ 数年後なのか？

はたまた、今生を超えて、来世でそのエネルギーが戻ってくるのかは分かりませんが、いずれにしても、その声がエゴなのに魂の声だと思い込んでする決定は非常に危険なのです。

ですから、そのひらめきを行動に移す前に、自問する必要があります。「その潜在意識の声に従えば、自分と関わる人々が幸せになるだろうか？　その決定は愛なのか？」。周囲や環境にどんな影響があるかを吟味することを、エコロジーチェックといいます。つまり、自分に関係する人々や環境に配慮できているかどうかのチェックです。何かを行動に移す前には、常にこのエコロジーチェックが必要です。それをした上で、もう一度、その声は、魂の声？　それともエゴ？　といった吟味をする必要があるのです。

13

言語化できない「違和感」は、潜在意識からのメッセージ

違和感は潜在意識からの声、つまり直感です。潜在意識の奥底から湧き上がってくる言葉にならないものです。

たとえば、「なんか分かんないけれど、……なの！」という確信めいた感覚です。確信しているのに根拠を示せない。「なんか分かんないけれど、……な気がする！」という、答えを明確にすることはできないけれど、やたら確信が持てることはありませんか？　誰かに「なんでそんなことが分かるの？」と聞かれても、「分かるから、分かるんだもの」と答えるしかない、言語化できないけれど、自分の中では確信を持てる答えが出てくるときがあります。

その、**「なんか分かんないけれど……」という感覚は、あなたにとって最高のアドバイスであり、潜在意識からのメッセージなのです。**しかし、その「なんとなく」

にあなたが確信を持っていたとしても、周りの人々は「気のせいだってば」というかもしれません。

そうなのです。それは「気」のせいです。そう、「氣」のせい。

あなたは、直感で、無意識レベルで、そして肌でその「氣」を感じ取っているのです。

人も、場所も、これから起きる何かの事情も、「氣」を感じ取っているのです。

「氣（波動や周波数）」というものは、無意識に感じ取れるものです。自分に合う方法なのか、自分と波長が合う人なのか、それとも、会った瞬間に「うわ！　合わない」と感じさせられる人なのか……ちゃんと肌で感じ取っているものなのです。

心をそこに向ける習慣、そして、他の人から答えをもらわず、自分の心に問う習慣を身に付けましょう。

人間は、往々にして無意識レベルでラクなほうを選んでしまい、深く考えるのが面倒だと思っています。ですから、「ああしろ」「こうしろ」「これは正解」「あれは間違い」という答えや行動が決まっているものや、二者択一のものに惹かれてしまいます。直感が働かなくなってしまうのは、そういったものに慣れてしまったときです。

たとえば、よく耳にする「頭では分かっているんだけれど、……なのよね」というのは、頭では、つまり顕在意識では分かっていることであっても、それが潜在意識の答えとは違うので、行動に移したいという強い動機が見いだせないということ。この言語化できない「なんか分かんないけれど……」を無視すると、うまくいきません。

しかし、もし失敗したとしても、それが後々に役立つデータになり、またそれにより経験値が上がるので、結果オーライ！　です。すべては、トライ&エラー、試行錯誤なのです。そのときは失敗に見える事柄でも、成功するための糧、またはヒントとなっているので、失敗すればするほど知恵が身に付く、ということも忘れないでください。

ですから、直感をキャッチしたら恐れず行動に移してください。たくさん失敗してもいいのです。失敗したデータから自分なりの傾向を知り、成功データをつくり上げるのです。

成功に通じる失敗は、知恵の宝庫です。

最終的にそれは、のちの大きな成功に通じる「成功しない方法だった」ということを知る貴重な経験となるので、「失敗」とは呼びません。若いうちはたくさん失敗しようといわれていますが、歳を取っても失敗だらけでOK。何もしない人生よりは、挑戦して失敗して学んでいく人生のほうがずっとずっと良いのですから。

CHAPTER 2

直感を磨いて 味方につける

14

直感を働きやすくするために、なるべく本心を解放する

一緒にいて心地よい人と、心地よい場所で、おいしいお酒と食事をいただく至福のときは、心にふんだんに栄養を取り入れているような感覚になります。その幸福感はしばらくの間続きます。

この「心地よさ」はダイレクトに脳へ信号を発し、快楽物質が放出されます。そのときに鏡を見てみてください。幸福感に満ち溢れているあなたは、穏やかな顔つきになっていることでしょう。

私たちは、普段の生活で「心地よい」という状況だけを選んで生きていけるわけではありません。我慢や忍耐をしなければならないこともあり、やりたくないことをやらなければならないときもあるでしょう。

しかし、いつも、いつも、いつも「心地よくないこと」を選んでしまい、自分の本当の

気持ちを抑えていると、心が疲れてしまいます。それに伴って嫌な感情も出てくることでしょう。いつもその状態でいると、直感を鈍らせてしまいます。

心地よさというのは、ある意味、心が開いている状態であり、自分に負担がかかっていない状態です。そういったときこそ、潜在意識の扉は開きやすくなり、直感が働くのです。心も頭もカチコチだと、潜在意識の扉はガッチリと閉じてしまいます。そこから直感がひらめくことがなくなります。

誰でも、「居心地が悪い」という経験があると思います。そのときの自分の状態を思い起こしてください。例えば、行きたくもない飲み会に無理矢理誘われて、周りの人のつまらない話や自慢話などを聞かされる時。「うわ……なんか嫌だわ。早くこの状況が終わらないかしら？　それとももう帰ろうかな？　なんといって帰ろう？　でもそんなことをいったら、どう思われるだろう？」といった感じで、頭でいろんなことを考えてしまっている状態です。このときの潜在意識は緊張しきっていて、交感神経が優位になっています。

できるだけ、このような居心地の悪い状況を避け自分の中で心地よい状態でいられる時間をつくったり、何かを選ぶときに心地よさを判断の基準にしたりしていると、答えは潜在意識が教えてくれます。恐れる必要はありません。損得勘定で無理な人間関係を続けたり、行きたくもない場所に無理して行ったり、会いたくもない人に会ってつくり笑顔でその場を乗り切ったりするよりも、あなたにとって心地よい決定をすることで、直感がより働きやすくなるのです。あなたの心の声に素直に従いましょう。

15

選択に迷うときは、「おもしろそう！」で決める

私たちは、毎日何らかの決定をしています。朝食に何を食べるのか、何を着るのか、車で行くのか、バスで行くのか、今夜の飲み会に行くのか、断るのか、お風呂に入るのか、シャワーにするのか……。

そんな小さな決定から、転職、結婚、起業、引っ越し……など大きな決定をすることも度々あります。そんなとき、選択肢がいくつかあると結構迷うものです。

あなたは、物事を決定するときに、何を重視しますか？　たとえば、新しい仕事を決める場合。安定でしょうか？　常識や周りの人々の目でしょうか？　人気の業種？　一番お金に直結するもの？　自分が今までやってきたことを活かせるもの？

決めるための条件はたくさんあるでしょう。もちろん、どれも悪くはないですし、実際に生活していかねばなりませんので、それらを考慮することは重要です。でも**私がお勧**

めしたいのは「おもしろそうなほうを選ぶこと」です。「わ！ なんかそれ、おもしろそう！」と思ったものは、直感が働いた答えでもあります。子どもたちの判断基準はいつもそうです。損得を考えたり、それを選んだらお金になるだろうか？ といった判断はしません。素直に、好きなほう、おもしろそうなほう、ワクワクするほうを選びます。

子どもたちは、潜在意識の扉が常に開いた状態です。しかし、歳を取るにつれて、周りの人々、特に親の価値観を刷り込まれ、いつしかその開いていた潜在意識の扉は少しずつ閉じられていきます。「おもしろそう！」「それ好きだから！」といって選んでいたのに、「これを選んだら親は喜ぶかな？」とか「将来、役立つかな？」といった、大人と同じ選択の仕方をしていくようになります。もったいないことです。

もし、あなたが何かふたつのもの、または複数のものからどれかひとつを選ばなければならないとき、「おもしろそう！」と感じたほう、「ワクワクする」ほうを選んでみてください。それは直感からの合図なのです。

16

「予感」は大きなチャンス。怖がらないで前に進もう

何かを始める前に、「予感」がすることはありませんか？　予感とは、前もって何かを感じることをいいますが、「何か起きるかも？」「何か嫌な予感がする」といった感覚です。逆に、「何かいいことがありそう」……などのような予感は、誰にでもあることでしょう。

予感の「予」には「あらかじめ」とか、「前もって」という意味がありますが、予知や予言の意味も含まれています。つまり、人は割と誰でも予知能力を持っている、といえるのです。前にも書いた通り、「なんとなく」とか「うまく説明できないけれど……」というような予感＝直感が働く状況は、日常生活でもたくさんあります。

予感も、直感や潜在意識からのメッセージです。何か動く前に良い予感がした場合、人生に驚くほどの変化が起きたり、あるいは人脈がどんどんつながっていったりして、人生のステージが変わるような感覚があるものです。

私の場合、その変化があった年は2009年でした。セミナーの講師としてデビューをした年であり、人生のターニングポイントでもありました。

もちろん講師の経験などありませんでしたから、自信がない状態でのスタートとなりました。やらない言い訳が次から次に顕在意識の部分から出てきました。それは、環境が変わるときによく起きる抵抗感だと学んではいましたが、多少の不安はありました。しかし、それを超えるような予感もありました。「絶対に何かが変わる年だ」――と。

予感通り、2009年は私の人生が一気に変わった年でした。あれから10年経ちましたが、もしあのときセミナーで講師をするという機会から言い訳をして逃げて、チャンスの神様の前髪をつかまえていなかったら、まだそれ以前と同じような生活をしていたことでしょう。

その年は、多くの方にお会いして大きな影響を受けました。その中には、一生お付き合いしたいと思える人や、ビジネスでもずっとずっと手を組んでいきたいと思える方々などもいました。私の人生で掛け替えのない存在となった方たちとつながることができた不思議な年でした。

人はときどき、環境が変わることを必要以上に恐れてしまい、残念なことに、

その「予感」や「勘」や「直感」を無視して、ビッグチャンスを逃してしまいがちです。

私は10代の頃から海外での仕事に興味がありました。最初にチャンスの手が差し伸べられたのは、18歳のときでした。親戚の道場で働いていたオーストラリア人と友達になり、飛行機代しかかからないから来てみないかと誘われたのですが、ひとりで行く勇気がなく断ってしまった、という大きな後悔があります。

ふさわしいときではなかった、と自分を慰めたりはしません。自分に勇気がなかったばかりに、一歩二歩どころか、何十歩も出遅れた感があります。その後、45歳くらいで海外で仕事ができるようになりましたが、もし、あのとき勇気を出して行っていたら、もっと早く英語にも親しみ、ビジネスも広がっていったかもしれません。

若い方には私のような後悔をして欲しくはありません。たくさんの手が差し伸べられたり、身に余るほどのポジションが用意されたりしても、「自信がない」という理由で行動せずに、チャンスを逃してしまうことがあるかもしれません。私もたくさん逃してきたのでよく分かります。

「予感」したらすぐに行動に移すようにしましょう。もちろん、その予感が外れることもありますが、別にそれは気にしなくて良いのです。予感が外れても、早く行動に移す練習をしたと思えば良いのです。

むしろ、行動しないで大きなチャンスを逃すほうがもったいないことなのです。私も、良い予感がしたら、投資もバーン！　としますし、ピン！　と来る方にはお会いするようにしています。

しかし、注意点があります。ときどき、その予感を打ち破るほどの強い邪魔が入ることがあります。家族であったり恋人であったり、とにかく身近なものからの邪魔です。

それはあなたの本気度がどのくらいかを確かめる試金石のようなもの。ですから、普段から自分が何を求めていて、どこに向かっていきたいかを明確にしておく習慣をつけ、反対されたときに、ブレずにいられるようにしましょう。

17

心がザワザワするときは、「危険」が近づいているサイン

直感について、理由にならない「なんとなく」や「よく分からないけれど……」とか、「ビビビビ！」と来たり「ピン！」と来たりするなど、頭で理解したり言語化することができない感覚だけれど、なぜか確信があるようなものだ、とここまで説明してきました。

そういったことに加えて、**「心がザワザワする感じ」があります。これは、危険を察知する直感です。**あなたもなぜか心がザワザワとして落ち着かない状態になったことがあるはずです。**それはSTOPを意味する直感です。STOPサインの中でも、危険を教える直感になります。**

以前、こんなことがありました。まだ結婚していたときの話ですが、元夫がある男性と知り合い、その人と電話で話している声が聞こえました。私はその男性のことをまったく知りませんし、会ったことも声を聞いたこともありません。しかし、なぜかその男性から

元夫に電話が入ると、心がザワザワしたのです。

そして、なぜか元夫とその男性が関わるのは危険なような気がして、胸騒ぎが止まりませんでした。でも元夫は、電話で楽しそうに会話をしています。彼が電話を切った後、私が「なんか相手の男性にザワザワするわ」と伝えたら、「え？　すごくいい人だよ」といっていました。

何度目かの電話で、その男性が私に会いたいといいました。自分でも分からないほどの嫌悪感があったのですが、断る理由もないので会うことにしました。しかし心のどこかでなぜか、その人とは会えないような気もしていました。

とても忙しい時期だったのですが、その人と会うために予定を調整しました。ところが、前夜にドタキャンされたのです。せっかく予定を調整したのに……とイライラもしましたが、同時に会えなくてよかったという気もしていました。その後は、もし誘われても会わない、と決めていました。

それから1年後くらいの話ですが、風の便りに、その人は刑務所に入った、と聞きました。ザワザワは直感でしたが、会う約束をしても「会えないような気がする」というのも直感でした。

捕まった理由の詳細は分かりませんが、もしあのまま元夫がその男性と付き合っていたら、何かトラブルに巻き込まれていたかもしれません。ときに、こうして人智を超えるような直感が働くことが誰にでもあります。危険を察知するこのザワザワ感は、見過ごさないようにしたいものですね。

18

毎日の選択を、「好きか？　嫌いか？」で決めてみる

世界的ベストセラーとなっている『7つの習慣』。そこに載っている時間管理のマトリックスというものがあります。第一領域から第四領域まであり、「重要」か「重要でない」という縦軸と、「緊急」か「緊急でない」という横軸で、物事の優先順位を決めていくというやり方です。

人は大抵の場合、緊急性で物事の優先順位を決めがちですが、この『7つの習慣』では、第二領域にある、緊急ではないが自身の人生の中で重要なことを優先するように勧めています。

言葉を換えていうなら、**やらなければならないことよりも、やりたいことを人生の中で優先する、**ということなのです。

何かを選ぶ際にも、直感が働きやすいのはそのような選択をするときです。「やらなけ

ればならない」という感覚は、意識的な部分での判断であり、計画、計算などが必要なものです。

一方、「やりたいこと」とは、自分に無意識にかけているリミットが外れやすく、直感も働きやすいもの。そこで、何かを決定する際の判断基準のひとつを「好きか？　嫌いか？」にするとうまくいくことが多いです。

「好きか？　嫌いか？」とは、きわめて直感的、本能的なもので、右脳からの声、つまり潜在意識からの声なのです。元来日本人は、生真面目なところがあるので、「好きか？　嫌いか？」などのように、苦労が伴わないことや、子どものようにわがままに生きることに、軽い罪悪感を持つ人も多いかもしれませんが、そう思う必要などありません。その決定は物事がうまくいくようにするための直感の声だからです。

この選択方法は、自分の人生の機嫌を取るのに最適です。私たちは、選択を迷うときがよくあります。たとえば……
- 飲み会に行くか？　行かないか？
- この商品を買うか？　買わないか？
- この人と付き合うか？　付き合わないか？

・このことを相手に伝えるか？　伝えないか？

こうした二者択一に迷う場合は、子どものようにワクワクする感覚に任せて決めたほうが、成功する確率も高いのです。もし、迷ったら自問してみましょう。

・私は飲みに行きたいの？　行きたくないの？　飲み会は好きなの？　嫌いなの？
・私はこの商品を欲しいの？　欲しくないの？　その商品は好き？　嫌い？
・私は、この人と付き合いたいの？　そうでもないの？　その人が好き？　嫌い？
・私はこのことを相手に伝えたいの？　伝えなくてもいいの？

いろんな質問の仕方があるとは思うのですが、このように心地よいほうを選ぶ癖をつけていくと、生き方がかなりシンプルになっていきます。

私たちは、行きたくないところに無理して行って、思ってもいないのにいいたくないことをいって、逆にいいたいことを我慢して、食べたくないものを食べて、食べたいものを我慢していることがいかに多いことか……。一旦、自分の「好きか嫌いか」に変換して考えてみると、シンプルな答えが出てきます。

「しかし、会社組織にいたら、自分の好きか嫌いかでは仕事などできない」といわれるかもしれません。それもまた固定観念です。組織の中でもできます。

行きたくもない飲み会に行くという選択をしたときに、その人は、行きたくなくて選択したのではありません。行くことで得られるであろうメリットを優先したので、「行く」という選択をしたのです。

たとえばそれは、ちょっと誤解があって疎遠になっている同僚と仲直りできる機会になるかもしれない、とか、次の昇進のために課長に良い顔をしておいたほうがいいから、といった理由で決めたのかもしれません。

その場合の本当の動機は、「行きたくない」ではなくて「行きたい」なのです。仲直りしたいから「行きたい」。課長との関係を良くしたいから「行く」を選択しているということです。ですので、その決定をした後は、「行きたくないのに行ってしまった……時間の無駄だった」などとは思わないこと。そのときの考えと感情で、自分で選択したのです。

今日から、生活での選択を自分の好き嫌いで決定してみると、直感が冴えると思いますので、やってみてください。

19

決めたら、後悔しない！ 優柔不断な自分からは卒業する

「どちらを選んだら良いか分からない。考えれば考えるほど、分からなくなる」。そんな経験はありますか？　直感を働かせる前に、少し考えて欲しいことがあります。

どちらかを選ぶときに、どちらがよりお得か？　どちらがより損をしないのか？　ということをベースに物事を考えてみましょう。リスク、メリット、デメリットなどをよく考慮して（書き出すなどして）天秤にかけてみて、自分にとってよりよいほうを選ぶのは大切なことです。

徹底的に考え抜き調査や分析をすることで、最良の答えを得られるのはとてもいいことです。そこで答えが出たら、直感は別に使わなくてもいいのです。

しかし、それらの分析をやった上で、答えが分からないときは、どちらを選べばいいのでしょうか？　直感も働かない……そんな場合はクジで決めてもいいくらいです。といい

ますのは、迷っているものがまったく選べないほど同じ条件だったら、どちらを選んでも、どちらに転んでも、あなたにとって結果は同じだからです。

優柔不断で、決断や選択をいつも迷いがちな傾向にある人には、「後悔したくない」という強い気持ちがあります。**人生の時間は限られているので、悩むのに時間を費やすのはもったいない。選択した後は後悔しないと決めて、あとは素早く行動に移したほうが得策です。**チャンスをつかむ人は素早く行動に移す人だとお伝えしましたが、行動の早さは直感に次いで大切なことなのです。

どちらを選択しても、小さな問題やアクシデントはつきものです。直感で選択をしたら、問題がまったくない、ということではありません。もし別のほうを選択したらこんなことにはならなかっただろうな……と想像しても、それはそれで何か別の問題があったりするものです。

決定後に起きることは、すべて自分の人生で必然なこと。それを理解していると、どちらに転がっても後悔はなくなるでしょう。

私たちは生きていると、たくさんの選択、決定を迫られます。マンションがいいか一戸建てがいいか、この仕事とあの仕事、どちらを選んだらいいのか、彼と結婚するのかしないのか、子どもを産むのか産まないのか……。

結局はどちらも正解で、どちらにもリスクがありますが、どちらを選んでも喜びも楽しみも学びもあります。ですから大げさな話ではなく、クジで決めてもいいくらいなのです。

興味深いことに、旧約聖書の中では、「クジは神様からの答え」とされていました（箴言16章33節）。

日本でも童歌《わらべうた》の中に「どちらにしようかな？　天の神様のいう通り……」という数え歌がありますが、昔からのいい伝えなのでしょう。理性的に分析しても分からないときは、神様に、「私にとって、いいほうを教えてください」と祈り、クジを引いてみましょう。

でも、クジで出た答えに納得がいかないとき、それは、あなたの中にちゃんとした答えがある、ということです。

自分の人生は自分で決める、決めた後はどんなことがあっても自分で責任を持つ！　と決めてしまえば、何を選んでも同じです。悩んだときは、考えた後にどちらがいいのか「感じてみる」こと。そうしたら、迷いがなくなると思います。そして、自分の決定を信じてみる、そうしたことも必要です。

あなたにとって**最善の決定は、どちらを選択するか？　ではなくて、選択した**

ことを後悔しないこと。そして自分の決定に責任を持ち、選んだことに一生懸命に取り組むことなのです。

20

直感を働かせたいなら、まずは自分に正直に生きる

自分に正直な生き方をしていないと、直感が働かなくなります。

直感を働かせたいと思ったら、自分に嘘のない生き方が必要です。なぜなら、嘘をついている時点で、すでに損得を考えており、意識的、左脳的な生き方をしていることになるからです。

自分が幸福であることや、自分の「好き」や「心地よい」「楽しい」「ワクワクする」という内発的動機付けは、直感力を発揮しやすくします。あなたは自分に嘘のない生き方、正直な生き方をしているでしょうか？

私は以前、ある映画を観ていたときに、内容とはまったく関係のないメッセージが突然ひらめきました。それは「自分の信念を貫け！」でした。

小さくてもふたつの会社を経営していると、社員やスタッフにお給料を出さなければな

らず、自分の生活もあるため利益を出さなければなりません。

そのために、マーケティングやビジネスモデル・戦略なども多少は勉強してきました。ですが、そのメッセージがひらめいたときには、「もう、そういうものはいらない」と思ったのです。

これまでそのような勉強をしてきても、自分の潜在意識からのメッセージと、マーケティング戦略が、どうしても相いれないことがたくさんありました。そして、いろんな人のマーケティング手法を見て、うんざりしたり、あんなふうにはなりたくないなと思ったりもして、お金をたくさん稼いでいる＝成功ではなく、稼いでいるからといって、必ずしも人間ができているわけではないということを感じていました。

「自分がどうありたいか？」を明確にすることで、周りに振り回されない自分を確立できる。つまり自分に正直な生き方をする。自分の信念を貫こうと思ったのです。

考えてみたら、普通の主婦であった私が会社をふたつ経営するようになり、そして法人化して10年間、会社を潰すことなく順調にここまで来たのは、はっきりいえば、マーケティングを勉強したからではありません。常に頭にあったことは、自分の信念、価値観を情報として提供すること。ブログという媒体を通して、読者の皆様に、人生に役立つ情報をお伝えし続けること、ただそれだけでした。

今の私があるのは、天からの応援、そして、運があったから。本当に奇跡の連続でした。常に直感からの導きがあった、ということもいえます。何を選択したら良いのか？　何を避けたら良いのか？　その都度その都度、直感が教えてくれました。常に自分に正直に生きることができるようになったので、直感も受け取りやすくなった、と感じます。

自分に正直に生きていると、自分を良く見せようと取り繕う必要がありません。初対面の人に対しても素を出してしまっているので、そこで嫌われたら相手は付いてこない。**好きでいてくれる人だけが残っていくようになるため、そのような環境であれば直感も働きやすくなります。**

ときに、私を利用しようと近づいてくる人が現れたり、そういった人とつながって痛い思いをしたこともありますが、それも潜在意識の中では想定内。経験値を上げるための出来事だといえます。そのときは、痛手を負ったように見えても大丈夫。人生は、点ではなく線です。一時的に失敗に見えても、長い目で見たときに、その出来事は線になるために必要だったのだと思えるかもしれません。

自分に正直に生きているときは、あなたが次に何をしたら良いのか、何を選択したら良いのか、誰と付き合い、誰と付き合ってはいけないのか……ということを、直感がちゃんと教えてくれるので、安心してください。

21

結婚相手は条件ではなく、初対面での印象で選ぶ

「本当にこの人と結婚していいのだろうか？」「一生、死ぬまでこの人とずっと一緒にいてもいいのだろうか？」。そんな迷いが生じたことはあるでしょうか？　重要な選択であるがゆえに、まったく直感が働かなくなったような気がすることがあるかもしれません。

結婚に関する直感は、「最初にその人をどう思ったか？」が重要です。

会ったばかりのときに「なんとなくこの人と結婚するような気がする」など、直感の声をキャッチする人もいます。中には、会ったその日はなんとも思わなかったけど、日に日に安心感が湧き上がり「この人とはずっと一緒にいるかも……」という予感のようなものが働いたという人もいます。

結婚に関してのGOサインの直感というのは、「ビビビ！」というものですが、その後は、穏やかで安心感を覚えるような関係になるものです。

結婚の条件、などというものばかりにとらわれていると、直感の声が聞こえにくくなります。相手の「条件」ばかりに意識が向いてしまうからです。

損得を考えていると、「この人といたら、幸せにしてもらえるのだろうか?」とか「お給料はいくらくらいだろう?」など、現実的なことばかりを意識して、相手の人格的なことや、自分との相性などは無視してしまうかもしれません。特に、「幸せにしてもらおう」という動機は、幸せを遠ざけます。なぜなら結婚は、利他的な行為が必要になるものですから。

結婚に関しての直感には、迷いというものがありません。もう進むしかない、行くしかない、この人しかいない、という感覚になります。

相手の条件ばかりに目を向けて、条件が合っているから、というだけの理由でお付き合いが進んでプロポーズされて、「本当にこれでいいのかな?」と疑念が湧いてくる場合もあるでしょう。それは、直感の声に近いです。自分が最初に、相手のどこにフォーカスしていたかを思い出しましょう。それが、プロポーズを受けるか受けないかの分かれ道になるはずです。

逆に、たとえばこんなケースもあります。最初に出会ったときに、「この人しかいない!」

と思い、トントン拍子で結婚話が進んでいった後に、「本当にこの人でいいのかな？」と迷いが生じた場合。これは直感というよりも、後から顕在的、意識的な部分が働いています。なぜなら、最初の感覚が直感だからです。マリッジブルーになったり、将来に不安が生じたり、環境が変わることを恐れたり……それらは誰にでもありますから、「これは直感からのSTOPサインだ」と間違えることがありませんように。

ただしひとつ注意があります。付き合っていくうちに、最初は見えなかったものが見えてくる、ということも当然あります。あなたが信じられないような、または、受け入れられないような事実が発覚したとき、それを見ないふりをして突き進むことがありませんように。そこにも直感を働かせるべきです。

22

違和感は、危険を知らせるサイン。「なんとなく嫌な感じがする」に注意！

新しいことを始めるとき、GOサインの場合、直感が働くとワクワクします。

逆に、危険があるときに働く直感はどんな感覚になるのでしょうか？　それは、「違和感」です。「言葉にできないけれどなんか嫌な感じがする」という感覚です。

GOサインのワクワクする感じは非常に分かりやすいので、直感をキャッチしてすぐに行動しやすく、うまくいくことが多いですが、危険を知らせる違和感に関しては、それを察知していても、無視してそのまま動いてしまったり、SNSなどでつながってしまったり、仕事のことで契約してしまったり、関係を続けてしまったり……などして、被害を受ける、という結果を招くことが多いです。もちろん、私もときどきそのような経験をします。

まずは、このSTOPサインの「違和感」は左脳的な感覚ではなく、直感であるということを覚えておきましょう。

たとえば、あなたに好きな歌手がいて、でもライブに行ったことはなかったのですが、新しいライブスケジュールが発表されて今回は「行きたい！」と思ったときに、ピン！と来て、ワクワクしました。しかし、その後にいろいろと考えてみたら、「交通費がかかる、チケット代が高い、そもそも仕事を休めるのかな？　うーん……行くなっていうことかな……」となったとしましょう。後からよく考えてみて、というのは直感ではありません。これは、頭で分析して出した答えなので、違和感ではなく、思考です。冷静かつ客観的に考え、リスクを回避しようとしたのです。

人間関係の場合は、違和感が後から出てくるケースもあります。最初はすごくいい人に見えたのに、話をしているうちに、ずれている感じがしたり、その人がいっていることの意味が分からなかったり、「なんか分かんないけど変だ……」などの違和感です。

付き合い始めたときはいい人でも、相手の波動が変わってくるケースもあるので、その場合は途中でキャッチした違和感を無視せず、「これまで長く付き合ってきたから……」などという情に惑わされないようにしましょう。波長の合わない人と付き合い続けると、直感が働かなくなってしまう恐れがあるからです。

危険を教えてくれる違和感は、直感からのメッセージです。大抵の場合、すぐにストップしたほうがいいのですが、実は何かを始めることよりも、難しいケースが多いです。「行くっていっちゃったし」とか、「やるって決めたし」といった感じで、**途中でストップすることを、生真面目な日本人の資質が邪魔してしまうことがある**からです。

何か契約するときなどは、特に要注意です。長い時間説明を受けたものの、話を聴いている途中で違和感を覚えて断りたいと思ったとします。しかし、意識の中で「こんなに長く説明してもらったのだから、断れない……」とか、違和感を無視して「みんなもこれを買っているし……」などという気持ちを優先してしまい断ることができずに、結局無駄にしてしまったり、損をしてしまったり、害を被ったりすることがあるのです。

大抵の人は、違和感、という直感をしっかりキャッチしています。ちょっと心に耳を澄ましてみれば、分かることです。しかし、その違和感という直感を邪魔するものがあります。それは悪者ではありませんが、ときどき私たちの直感の判断を鈍らせるものです。何でしょうか？

それは、左脳的な何らかの情報です。数字が上がっているから、周りの人が良いといっているから、提供している人が有名人だから、お金持ちの人だから、スピリチュアルの人だから、実績があるから……こうした情報に惑わされないことです。

周りの人に合っていても、自分に合っているかどうかは分かりません。波動の違いは誰もが察知できます。察知したら行動。それはGOサインでも、STOPサインでも同じです。

やめる勇気やストップする力を鍛えると、損失が少なくなります。極論をいえば、その損失は人生の学びにはなりますが、この感覚が分かっていれば、損失や時間の無駄、イライラなどを最小限に抑えることができます。周りの人の意見に流されるのではなく、静かに心を向けてみると、GOサインなのか、違和感があるSTOPサインなのかがよく分かります。

人間関係で違和感を覚えたら、早いうちに対処しましょう。金銭的な損失が出ていたとしても、違和感があるなら、そこでやめる勇気を持つほうが、後のことを考えると良いのです。金銭的な損失は、人生の勉強代だと思って執着しないように。

成功している人は、決断力や行動力だけではなく、この違和感を感知する能力が優れているのでしょう。見逃さず、ちゃんとキャッチできるようになりましょう。

23

ふと頭をよぎったことは書き留め、望む未来をリスト化する

コーチングを学び始めたときに、最初にゴールリストを書きました。ゴールリストとは、達成したい目標リストのこと。そこに書いた目標は翌年ほとんど叶いました。年収も、ビジネスでやろうとしていたことも、欲しい物も、ライフスタイルもすべて翌年に叶いました。

次の年は、少しステージアップしたことを書きました。それも翌年にほとんど叶いました。その年には叶わないことは、数年後に叶いました。「ゴールリストは魔法の紙？」と思ったものでした。

なぜ、書くと叶うのか？　脳も潜在意識も、目標設定してまだその願いが叶っていないとき、ある意味、空白の状態となります。空白は埋めたくなるもの。つまりその叶っていないことを叶えて現実にしたくなるという特質が脳にはあるので、

潜在意識が働きます。

たとえ、書いた内容を忘れていても、脳と潜在意識は忘れません。あなたは無意識のうちにそれを叶えようと動き出すのです。

クライアントの中に、数年後ゴールリストを見たときに、書いただけなのにほとんどが叶っているのを見て驚かれる方は多いです。目標を達成しよう、夢を叶えようと思っていたとしても、特に何か行動したわけではないのに、いつのまにか叶っていた、ということが多々あるからです。一体何が起きたのでしょうか？

それは、無意識にそのゴールを覚えていて、無意識レベルで行動していたからです。行動していたことを忘れている、ということもできます。実際のところ、あなたが叶えたい、と思ったことは、叶えられることであることを、あなたの潜在意識は知っているのです。ですから、そんなに努力したり頑張ったりしなくても、スルスルと叶えられるのです。

私が8年ほど前に書いたゴールリストは、翌年にほとんど叶いましたが、ただひとつだけ叶わなかったものがありました。それは「ハーレーに乗る」という夢でした（「ハーレー」とは、米国のハーレーダビッドソンという大型バイクのことです）。そのゴールリストを書いた翌年に引っ越しをし、自転車もいらないような便利な場所に住むようになったからです。そこでは大型バイクなど邪魔でしかありません。しかし、そのゴールリストを書いてから8年後、私はハーレーのオーナーになりました。そして52歳の現在でもハーレーを乗り回しています。

何が起きたかといいますと、ゴールリストを書いてから8年後、たまたまハーレーの展示会に誘われて、ハーレーの美しさに魅了され、大型バイクの免許も持っていないのに、購入してしまったのです。

購入後、48歳にして大型バイクの免許を取りに必死に教習所に通いました。あれは私にとって人生の転機といっても過言ではありません。小さくて、若くはないこの身体に鞭打ちながらの免許取得は、本当につらかったのですが、私にとってはその後の人生において、大きな自信につながるくらいのインパクトのある出来事でした。

中年になってから何かにチャレンジする姿は、多くの女性の読者たちに勇気を与えたようで、何かを始めるのに歳を取り過ぎているということはない、という力強いメッセージを世に送ることになりましたし、会社の定番商品としてバイクのカレンダーの販売もしています。そして何よりも、私の人生を、ハーレーという「〝かっこいい〟の代名詞」と共に生きることができるのは宝物です。

その後は、ずっとハーレーに乗るために筋トレをしたり、かっこいい自分でいるため、太らずしなやかな筋肉をキープするためのトレーニングなどを欠かさずやったりするようになりました。これもハーレーのおかげです。

当時、ゴールリストに、「ハーレーに乗る」と書いた自分は、実をいうと、そんなに乗りたいと思っていたわけではなく、ゴールリストをすべて埋めようと思って、ただなんとなく書いたことでもありました。そう、「なんとなく……」だったのです。覚えていらっしゃいますよね。「なんとなく」は直感の声なのです。つまり潜在意識は知っていたのです。最善のことを。

このことがあり、そんなに一生懸命にならなくても、ふと思ったことや、なんとなくやってみたいな、と思えるようなことは、直感からの大切なメッセージだということを、改めて感じました。まるで天が導くかのように、一番ふさわしい時期に、ふさわしいことが目の前で起きてくれるのです。

直感は、ありとあらゆるときにあなたにメッセージを与えてくれます。さほど重要ではないようなことでも、あなたに何かを思い起こさせてくれることがあります。そのときは重要ではないように思えても、後でそれがあなたにとって大きな意味を成す場合があります。どうぞ書き留めるようにしてください。

直感は、予知能力でもあります。あなたがこれからすべきことを、前もって見せてくれるような役目もあります。なんとなくよぎった情報から、未来のあなたへのメッセージが与えられるのです。その直感をキャッチして、それを実行に移せたときに、豊かな生き方ができることでしょう。

24

根拠のない自信こそ、直感から来るもの

何かを手放して空白ができると、そこはまた新しい何かで埋まっていくもの。

脳も同じく、空白があるとそこを埋めようとします。何かを自問して、答えを得られないと、無意識にでも答えを見つけようとするもの。ですから、なるべくいつも空白をつくっておきましょう。空白があると、直感も働きやすくなります。何かを手放したり、目標を決めたり、自問したりすることも空白をつくっていることになります。心がいっぱいいっぱいで多忙な状態では、直感は働きづらいのです。

数年前、仕事でハワイに行った際、たった1日ではありますが、何も予定を入れず海を見ながらボーーーーッとしていました。そのとき、とんでもないことが頭の中をよぎったのです。会社のメイン収益となっていた2本の仕事の柱があったのですが、そのふたつを手放そう、というひらめきでした。今考えると、当時9桁くらいあったメイン収益がなく

なると収入がほぼなくなってしまうので、恐ろしい選択肢ではあったのですが、何の不安もなく、そのふたつの仕事を2ヶ月後に手放すという決断をしました。そのひらめきはほんの0・5秒で通り過ぎましたが、すぐに決断しました。「迷い」というものが一切ありませんでした。

そして、手放すことにした仕事は、私の中ではもう飽きるほどやり続けたものだったので、新しい何かにチャレンジするときである、ということも直感していました。そのときは、まだそれが何なのかも分からないのに。

うまくいくケースは、大抵迷いがありません。迷いがあるときは直感ではなくて、左脳的に判断しているとき。

もちろん、後でその決定を、リスクヘッジという意味で、左脳的に考えることはあるかもしれませんが、潜在意識、直感からのメッセージは素早く通り過ぎてしまいます。大きな決断であればあるほど、ダラダラと考えてしまうものです。考えているうちは行動できないので、結果も何も変わらない、ということが起きます。せっかくひらめいたのに、決断の段階でダラダラと時間をかけて考えて、損得勘定をしてしまうのです。もちろん誰だって損はしたくないでしょう。会社を経営していると、会社を存続させるために利益を出さなければなりません。そこからお給料をもらい、そしてスタッフにも支払わなければなりません。

だからといって、お金のことばかりにとらわれて、せっかくの潜在意識からのメッセージを無視してしまうなら、そのまま今のステージにただ居続けることになるだけ。何も変わりません。

どれが潜在意識からのメッセージで、どれが衝動なのかが分からない、という人は多いです。それらは似ているようで違いがあります。潜在意識からの答えか、衝動の答えか線引きをするとしたら、こうです。

第一章で、直感と衝動の違いについてお伝えしました。復習になりますが、直感、潜在意識からのメッセージの場合は、パッ！　と降りてくる、急に通り過ぎる、胸がキューンとしたり、ズドーン！　と重くなる感覚。そこを無視して通り過ぎようとしても、気になって気になって仕方がないもの。ひらめいた後の感覚は、「それいい！」という、迷いのないものです。根拠のない自信と信じる気持ちまでがセットです。

逆に、衝動的、もしくは左脳的な考えの場合は、そこに迷いや不安や恐れがあります。

もしくは逆に感情的になり過ぎて、理性を欠いてしまいます。潜在意識が働くときにも感情的になることがありますが、割と冷静で理性的でいられるものです。

そして、決断した後も違います。**潜在意識や直感からのメッセージを捉えて決断すると、なんとまあ、不思議なすっきり感があり、開けた感覚が起きる**ものです。

しかし、直感以外からのメッセージは、やっぱりこの決断でいいのだろうか？　という迷いがまだ残っていたり、「大丈夫かな？」と思ったり、思考が行ったり来たりしてしまうことがあります。

直感の場合は、バカボンのパパのように「これでいいのだ！」という感じが強いので、そのような迷いが一切ないのです。直感からのメッセージを捉えて、その感覚が分かるようになると、何度もその感覚を味わうことができ、それ以降も潜在意識からの最高のアドバイスをキャッチすることができるようになります。

25

増えるほど、最適な答えが見つかる。あなたの経験は宝物

直感が働かない、という人がいますが、実はそのような人はいません。それは、直感が働かないと思いこんでいるがゆえの、ブロックです。または先述した通り、疲れ過ぎていたり、本当の自分を生きていない状態なのかもしれません。

さて、もっと直感を鍛えることはできるのでしょうか？　できます！　いくつかの方法があるのですが、**まずひとつは、読書をたくさんすること**です。意外に思われたでしょうか？　知識は使っていくうちに、知恵になっていきます。知恵とは、知識を活用する力です。つまり、知識を知恵にするためには、日常生活の中で、人生の中で、たくさん学ぶことです。そうすると知識が知恵に変わり、あなたの潜在意識の中に様々な経験として残ります。

何か問題が起きたとき、または大きな決断をしなければならないときに、あなたの中で

それらの知識、知恵、経験、学びなどが高速にシャッフルされて、最もふさわしい答えがピョコン！　と飛び出してきます。これが直感です。

取り入れるべきはもちろん、読書だけではありません。**たくさんの人と会い、彼らの価値観や経験、その他にもいろんなものに触れることによって、それらはあなたの潜在意識に蓄えられます。**出会った人からのインパクトが大きければ、セルフイメージを変えるのにも役立ちます。

人生で無駄なことは何もなく、道端に生えている雑草でさえ、あなたに何かを教えてくれます。そのような小さなひとつひとつがあなたの直感につながっていくのです。

知識を得るために読書をする、誰かに会って学ぶ、人生のつらい出来事からも学びを取り出しておく、周りのすべては経験と教訓にする、ということを日々行なっていると、あなたの潜在意識の中にはどんどん宝物が溜まっていきます。

直感はその宝物を用い、高速でふさわしい答えを見つけてくれるのです。読書をはじめ、日常で積極的に学ぶことを習慣にしてみましょう。

26 リラックスしているときに、自己暗示をかける

潜在意識の中には、セルフイメージも含められている、ということを第1章で書きました。セルフイメージというのは「自分で自分のことをどう思っているのか？」ということで、自己認知、自分に関して信じていることです。

人はセルフイメージ通りの行動をします。「私は明るい性格です！」と思っている人は、やはり明るい性格ですし、前向きな行動をします。「私は疑い深いです」と自分のことを思っている人は、人を簡単に信じません。

このセルフイメージは書き換えることが可能です。ネガティブだと思っている人もポジティブに変換できますし、なりたいイメージを潜在意識の中に刷り込むことができます。アファメーション（自己断言）やデクラレーション（宣言）を、何度も何度も言葉に出す、という方法によってできるようになります。簡単にいうと、一種の認知療法、または自己

暗示法です。

自分で自分に暗示をかけることは可能ですから、なりたい理想の自分を文章にして、それを読みましょう。成功させるポイントはふたつ。**ひとつはその言葉が信じられるようになるほど、数をこなすこと。**もうひとつはその文章を口にするタイミングです。タイミングが合っていれば、そんなに何度もいわなくても、あなたが発した言葉がスッと潜在意識にインプットされていきます。

効果的なタイミングは、脳がリラックス状態のときです。リラックス状態だと、脳波はアルファ波になります。それがさらに進み、うとうとしたときにシータ波になるのですが、その状態でインプットした場合は、顕在意識が邪魔しないので、潜在意識の扉はオープンのまま。刷り込みたい情報をそのまま入れることができます。

脳がシータ波のときは、うとうとしている状態ですから、ここでアファメーションを唱えるとか、何かを読むというのは難しいことでしょう。ですから、刷り込みたい音声などを聞きながら眠る、睡眠学習のようなことをすれば、あなたの潜在意識に、なりたい自分を刷り込むことができるのです。簡単にいうと、寝入る寸前や、朝起きてまだ目が完全に覚めずにボーッとしているときが良いタイミングです。

具体的には、アファメーションが録音されたＣＤをかけっぱなしにして寝るとか、朝起きるタイミングで目覚まし代わりに使うとか、タイマーがなければ目覚ましが鳴ったそのときにＣＤをスタートさせて二度寝をするなどして、シータ波の状態のまま、なりたい自分を潜在意識にインプットしていきます。

１ヶ月くらいやっていると、どんどん理想の自分に近づいていると感じることができるでしょう。

そのアファメーションのＣＤは、心地のよい声のものを選ぶようにしてください。不快に思ってしまうと、その不快感が邪魔をして内容を信じることができないからです。

一番効果があるのは自分の声です。脳はそれが自分の声であるとキャッチし、抵抗なくインプットできるからです。**自分でなりたい理想像のアファメーションの文章をつくり、それを自分の声で録音し、その音声をリラックスしているときや寝るとき、朝起きたときに流して聞き続けてみてください。**

27

考えなくても、うまくいく。最高の答えの見つけ方

意識的な部分で、何とか頑張って答えを絞り出そうとしているときは、なかなか潜在意識の扉は開きません。リラックス状態のときこそ、ポンポンといろんなアイディアや自分にとって必要な答えが湧いてくるもの。**私たちの思考力は、リラックスしているときに最大限発揮できるようになっている**ようです。

アメリカの心理学者チクセントミハイは、人間が最大限の力を発揮するのは、リラックス状態の中でも、完全に物事に集中している「フロー状態」になったときだと述べています。私たちが問題を解決しようとしていても、答えを必死になって探しているとき、もしくは緊張状態で探しているときは、なかなか答えが出てこないものです。

問題が深刻になり、緊張状態が続くと、ますます答えは出てきにくくなっていきます。

ですので、**本当に答えが欲しいときは、自分に「質問」を投げかけて、あとはちょっ**

と放置してみることです。もちろん、リラックスしているときに、その質問をのんびり考えてもOKです。そういうときに、「ふっ」と思わぬ答えが湧いてくるものです。

脳には、RAS《ラス》機能（リティキュラー・アクティベイティング・システム、すなわち網《もう》様体賦活系《ようたいふかつけい》）といって、求め始めたことに関して、その部位が五感で感じ取る情報から無意識に関心が高い情報だけを選択して、必要のない情報は勝手にスルーしてくれるという優れた機能があります。

このような機能があるので、何か答えが欲しいときは自分に質問をすると、脳は無意識に答えを探そうとします。何気なく読んだ本の中から答えをキャッチしたり、友達との会話の中からキャッチしたり。ボーーーッとしているとき、お風呂に入ってリラックスしているときに、答えが急にひらめいたりすることが多いのはこのためです。

ひらめいたことは通り過ぎていきますので、ほとんどの場合、後で思い出そうとしても忘れてしまいます。手元にはいつも、メモ帳とペンのご用意を。

コーチングのセッションは、通常30分ほどです。その間に、潜在意識にアプローチできるような深い質問を投げかけます。すぐに答えが出るものもありますが、すぐに出ないものも多く、クライアントは次のセッションまで無意識にその質問の答えを探しています。

よく答えが見つかるときというのは何も考えていないようなときで、たとえば、洗濯物を干しているとき、ウォーキングをしているとき、お風呂に入っているとき、ボーッと空を眺めているとき、朝起きたとき、夜寝ようとしたとき……などなど、そういった自然にリラックスしているような状態のときなのです。

自分に質問して、無理に答えを出そうとしないほうがひらめくものです。リラックスと直感は切っても切れない関係です。忙しくても、リラックスタイムを設けるようにしましょう。

28

ひらめきは、絶妙なタイミングで訪れる

直感を別のいい方で説明しますと、未来に起きる出来事を瞬時に感じる力でもあります。

たとえば、新しい仕事の話が舞い込んできたときに、「なんとなく嫌な予感がする」とか「うわ〜いい感じ〜、ワクワクする〜」と感じるのも直感です。「なぜそう感じるのか？」という問いに、ロジカルに答えられないようなもの。「なぜ、そう思うの？」と聞かれても、「うーん、なんとなくそう思う」としかいえない言語化できない感覚が直感でしたね。

この感覚が鋭く、そしてその直感に従ってすぐに行動できる人は、自分の望む状態を手に入れることができます。

日常生活のほんのちょっとしたことで、この直感をもっともっと鋭くすることができます。すべての人にある動物的な感覚、とでもいいましょうか、誰でも持っているその能力

はもっともっと鍛えられます。

別に特別な能力のある人だけが、直感が鋭いわけではありません。キャッチしていても見ないふりをしていたり、ただの偶然だと捉えていたり、直感だと認識していないだけのことです。

日常生活で、ふと頭に浮かんだことを無視しないようにしましょう。すぐに行動を起こしてみるのです。

たとえば、頭の中を友人の顔がよぎったとします。なつかしいな〜、と思うだけでなく、すぐに連絡を取ってみる。すると、相手も「えー！　私も思い出していたところなの！」ということは少なくありません。また、新聞に載っていた本の紹介記事。気になったらこれもまた行動。買って読んでみる。人生を変えるような何かがそこにあるかもしれません。

私がコーチングを始めたきっかけは、ネットサーフィンでいろんなサイトを見ていたときに、なぜか「コーチング」というキーワードが気になったので調べ始めて、たどり着いたところが、仙台のコーチングスクールでした。

そしてすぐに説明会の予約をして見学に行き、ますます気になったので、その日のうちに受講することにしました。当時、お金がなかったにもかかわらず。

でも、お金はどこからか降ってくるだろうという直感も働き、分割払いにしてはいましたが、約60万円という受講費は、学んだコーチングスキルを使ったセッションで、卒業した翌月の1ヶ月で稼ぐことができました。

気になったキーワードひとつを追いかけて行動した結果、今の私があるのです。コーチングで人生が変わったのです。その後は書籍の出版もし、編集者から肩書きについて「メンタルコーチはどうだろう?」と提案を受け、それを採用しました。そのときはまだ誰もその肩書きを使う人はいませんでしたが、それ以降、多くの女性たちがコーチを目指し、メンタルコーチがどんどん増えていきました。

私たちは日々、潜在意識からいろんなメッセージを受け取っています。しかし、気づかなかったり、見ないふりをして素通りしてしまったりして、人生を変えるチャンスを逃してしまっていることがいかに多いか……。

「ピン!」と来たらすぐに行動しましょう。〝直感は行動とセット〟でなければ、成果は出ません。なぜなら直感は、ひらめいたらすぐに消えてしまうものだからです。時間が経つと忘れてしまうことがあります。そしてピン! と来るのは、あなたの人生においても絶妙のタイミングである可能性が高いです。潜在意識からのメッセージというのは人智を超えていることがしばしばあります。ぜひとも、直感と行動はセットだと覚えておきましょう。

29

固定観念と先入観は、直感を鈍くする

直感が鋭い人でも、それが鈍るようなときはあります。どちらに行って良いのか分からなくなったり、ひらめかなかったり、情報が多くて迷ったりすることが生じます。そのいくつかの傾向をお伝えします。

直感は、特に先入観や固定観念で物事を見たときに鈍ります。 物事を凝り固まった思考で見てしまうと、正しい判断ができなくなるものです。

たとえば、「あの人はいつも嘘をつく人よ」という情報を聞いた後では、もうその人のことは胡散臭い人としか見えなくなってしまうもの。人からの情報と、相手に対する自分の考え方や見方は分けておかないと、情報に振り回されてしまい、直感が働かなくなってしまいます。**物事はニュートラルな視点でないと、正しく判断できなくなってしまうもの。** 直感を働かせやすくするためには、知識や経験はもちろん必要ではあるのですが、余計な固定観念や先入観を決して持たないことです。

　また直感は、周りの人々からの情報や評価を信じ過ぎると、働かなくなってしまいます。「周りの人々の声＝自分の直感の声」と勘違いしてしまいがちだからです。

　他の人は他の人、自分は自分、というスタンスでいないと、誰々さんが良いといったから それは良いに違いないという思い込みが、直感の声を阻んでしまいます。思い込みが強過ぎると、直感はどんどん鈍っていくものです。**他の人の言葉ではなく、自分の内側に耳を傾けましょう。**

　特に人は、自分が所属するコミュニティを高く評価する傾向があります。その組織が最高である、と思うのは、ある意味、集団心理が働いているので排他的になってしまうからです。誰かの意見に右ならえをしてしまうような状態では、直感は働きません。何かの選択をするときには、誰かの意見というものは極力耳に入れないようにして、自分の内側と向き合って答えを得るようにしましょう。

　人は、自分で答えを出すのを怖がります。責任を負いたくない、失敗したくない、という感情が働くのでしょうが、そのような人は、誰かの意見を聞かないと決定できなくなってしまいます。偉い誰々がいっていたから、有名なあの人がいっていたから、失敗しそうにないあの人も同じ選択だから大丈夫、と思いたいのです。これではいつまで経っても、自分の直感の声をキャッチできません。そして、そのような思考停止状態の人は、失敗したときに、他人の責任にしがちです。

さらに直感が鈍るときがあります。それは、身体が疲れているとき。心と身体はつながっているので、**身体が疲れていると、それに比例して心もカチコチになり、潜在意識の扉が固く閉ざされたような感覚になる**のです。そうなると、ひらめきません。

いつも冴えている状態、というふうにはならないかもしれませんが、ここぞ！　というときには直感がひらめいて欲しいので、うまく身体を癒すように心がけましょう。

もうひとつの注意点は、感情的になっているときの判断は間違いやすい、ということ。感情というのはとても大切で、人間の原動力になるのですが、あまりにも感情的な場合は理性が働かず判断を誤る可能性があります。

つまり、直感が働くときというのは、「なんとなくいいかも！」と思いながらも、ちゃんとバランス良く理性も働いていて、冷静かつ客観的に自分を見ることができているとき。

感情的になると自分が見えなくなるとか、周りが見えなくなる、という表現をよくしますが、まさに、感情は直感にベールをかけてしまうことがあるのです。

30

魔法の「言葉」の力を使って、一瞬で負の感情をなくす

ストレスフルな状態では、直感も働きません。心の余裕のある心地よい状態のときこそ直感は働きますので、環境を整えておくことで、直感からのメッセージを受け取りやすくできます。

しかし私たちは、ついつい嫌なほうに目が向きがちで、心地よさよりも不快感を選ぶ傾向があります。たとえば、1日の中で良いことと、嫌なことが同じくらい起きたとき、どちらに心が占領されるでしょうか?

大抵の場合は、嫌なことの記憶が自分の心と頭の中を占領してしまうでしょう。自分がそちらを選択しているということにも気づきません。

たとえ100の良いことがあっても、たったひとつの嫌な事柄があれば、それで頭の中がいっぱいになり、100の良いことをなかったことにしてしまいます。

常に「気持ちのいいこと」「心地のいいこと」に注目し、そちらを選んで大きく喜び、悪いことや嫌なことはスルーする、もしくは見ないようにすれば、案外、人はいつも気分よくいられるものです。

しかし、嫌なことがあってなかなか気持ちが治まらない、というときは、その感情を否定することはせず、感情を早く吐き出すなり、紙に書き出してビリビリ破るなり、枕を叩くなりして（笑）、**怒りのエネルギーを放出して早く「心地よい感情」のほうに向かう**ようにしましょう。

苛立ちや負の感情は、思い出せば思い出すほど増大していき、さらに悪いことを引き寄せるものです。それを理解していると、あまり長くその感情に浸ろうという気持ちは起きません。自分の意識をコントロールできるようになりましょう。

心地よさに注目し、その気持ちを増大させることができる簡単な方法があります。それは、「言葉の力」です。

仕事で成功を収めている知人の男性を観察していますと、なぜ彼が成功者なのかがよく分かります。彼は何をされても「いや～、ありがたいな～」とか、おいしいものを食べると「あ～、幸せだな～」とか、さりげなく小さな声で言葉に出しているのです。

その言葉をいつもいっているとどうなるでしょうか？　多少の不快なことがあっても、一種の自己暗示が働き、脳はその言葉をキャッチしてインプットし、身体と心にそれが作用するようになるのです。

「どうしても心を込めていえない」とおっしゃる方もいますが、何回もいうことで、心も込められていくことがあります。心が込められるまでいい続けると、いずれ変化が起きてきます。

ですから、なかなか心を込めていえない人は、何回も何回も、「自分が心地よくなる言葉」をいい続けてみましょう。その変化を感じることができれば、次に、もし不快な出来事が起こっても、その「自分が心地よくなる言葉」をいうことで、自分の感情をその「心地よい」ほうにシフトできるようになります。

それは、自分の感情と言葉をコネクトし、ベルが鳴るとヨダレが出る、というパブロフの犬の条件反射のような、言葉で感情を支配する手法です。

「人生はすべて自分で選択できる」とよくいいますが、それは自分の感情も含めてすべてのことは自分で選択しているということです。どうせ選択するのならば、「心地のよい感情」のほうを選択し、気持ちよく生活を送りたいものです。

31 行動力と幸運力は比例するもの

夢を叶える人、成功者、人生をいきいきと生きている人の絶対的共通点は、先述の通り直感に従って即、行動していることです。

NLP（神経言語プログラミング）の前提として、こんな言葉があります。「もしあなたが理解したいなら、行動してください。学びは、実行の中にあります」。幸運力も同じです。

幸運力が強い人は、自分が幸せを受け取るだけでなく、誰かに幸運を運ぶ人でもあります。運ぶわけですから、動いています。**動いている人にだけ、幸せも成功もそして学びも理解も訪れるのです。**

私は引きこもり体質なので、動いているときと動いていないときの差がよく分かります。

私はときどき、自分の関心分野の専門家のところへ学びに行く機会があります。それは私にとって、とても大切なインプット作業となります。

しかし、そのような学びの場に出かけるとき、自分の中で大きな勇気と、緊張と、めんどくさい気持ちが混ざって億劫《おっくう》になり、足取りが一気に重くなって家から出るまで苦労します。

ですが、その学びのプログラム内容を見て、「ピン!」と来たときは、出かけたくないとか、身体が重いとか言い訳せずにすぐに申し込むようにしています。

もし、運気を上げたいと思ったら、何度もお伝えしていますが、最初に「ピン!」と感じたことを、すぐに行動に移すようにしてみてください。そのうちに、直感が働いてすぐに行動に移したときと、「ピン!」と来たけれど行動に移さなかったときの差が分かるようになります。

私は今でこそ、セミナーや講演活動などもしていて、日本中を回ることがありますが、始めたばかりの頃は、そんなことは想像もできませんでした。

今のような仕事をする前、ブログの読者から「セミナーを開催してください」といわれて、初めて東京でセミナーを開催することにしました。そのとき、私と同じ仙台在住で、生まれたばかりの赤ちゃんがいるママが、東京のセミナーに申し込まれたことを知りました。申し込みのコメント欄には、「赤ちゃんを見てくれる人が誰もいないので、セミナー会場の近くで赤ちゃんを預けるところを探して、セミナーに出席するつもりです」と書かれていました。

この方のコメントは、私の人生に大きな影響を与えました。私は、この方のおかげで、今の講師としての自分があると思っています。彼女が私の家の近くに住んでいるにもかかわらず、生まれたばかりの赤ちゃんを連れて、東京まで来ていただくことを大変申し訳なく思いました。私が仙台でセミナーを開催したら、人数は少ないかもしれませんが仙台の人々にもお伝えできると思い、これがきっかけで、地方も含めた各地でセミナーを開催することにしました。

彼女の決意と行動力が私の人生を変えた、といっても過言ではありません。このことは、**もしかしたら、あなたの決意と行動は、誰かに良い影響を与える可能性を秘めている、**ということでもあります。もちろん、その行動力は自分のためにもなるのです。

たとえば、テレビで見たある風景が美しくて、友達と偶然その話になり行きたいなと思っても、「家族がいるのに、私だけ楽しんではダメ」と思う人がいるかもしれません。でも、あなたが自分を楽しませることは、そこからエネルギーを得て、家族や他の人に元気を与えることにもなります。

まずは動くこと、「ピン!」と来たときに、すぐに行動に移すこと。これらが幸運力や直感力をさらに高める方法なのです。

32

定期的に自然に身を置いて、頭の中をリセットする

私は、定期的に何もしない時間を設けています。本も読まずネットも開かず、ただお茶を飲むとか、温泉に浸かる時間です。

そのような、ボーーッとする時間というものは、直感を鋭敏にするのにも役立ちます。ほんの1時間そうしているだけで、湯水のように次のビジネスアイディアが湧いてきたり、ブログのネタが溢れ出たりします。

忙し過ぎると、五感が鈍くなっていきます。何もせず、何も考えず、空を眺めたり、花を見たりする、そんな時間は自分の鈍った感覚を取り戻してくれます。

お勧めは、海をボーーッと眺めること。もしくは、燃える火を眺めること。ですが焚き火ができる環境はそうそうなく、暖炉を持っている方も少ないでしょうから、キャンドルなど、ただ揺れる炎を見るだけでもいいですね。

海の波も炎の揺れも、頭を空っぽにする作用があります。**頭の中が空っぽになると、脳も潜在意識もその空白を埋めたがるので、一旦空白をつくるのは良いことです。**

疲れを癒したいときに、海を眺めるのは本当にお勧めです。海はマイナスイオンの宝庫。砂浜をただ歩いたり、海辺に座って波を見たり、波の音を聴いたりしているだけでも、リラクゼーション効果が高いのです。また、海の青や水色を視覚情報として捉えるだけで、セラピー効果があり精神的にも安定します。

夜の海は静かで、月の光が海に反射してそれがまた美しいです。そして、波の音もなぜか日中よりも穏やかでヒーリング効果があります。自分の中にある悩みや怒りやイライラなどを、波が何もかも洗い流して持って行ってくれるような感覚になるはずです。

また、ひらめきや直感は水のあるところで浮かびやすい、ともいわれています。それは音と視覚のリラックス効果が理由でしょう。水のあるところというと、お風呂などもそうですね。

水の音の癒し効果で、潜在意識の扉もパッカリと開くはずです。その扉から思わぬことがポンポンと出てくるのです。出そうと思って出てくるものではないので、海に身をゆだねる感じでしょうか（夜の海は危険もありますから決してひとりでは行かないように）。

海を見ているとなにかがリセットされる感覚があります。震災以来ちょっと遠のいてしまいましたが、やはり海の波を見ることは直感を磨くひとつの方法です。

自然はパーフェクトであり、一番パワフルです。自然が一番、人間の潜在的能力を発揮させます。しかし、日常生活を送っていると、不快な状況でも笑い続け、心が苦しくても頑張り続け、泣きたくても泣かないで歯を食いしばっていたり……。それは、自然ではない、つまり「不自然」なことなのです。それでは直感も働きづらくなります。

悲しいときは涙をこぼし、笑いたいときは大笑いし、頭に来たときは怒る。喜怒哀楽を発揮できるというのが、自然な状態なのです。もちろん、ふさわしい発揮の仕方、というものがありますけどね。

自然に身を置くことで、人間の一番自然な状態に戻ることができ、自分の持つ力に気づくことができるでしょう。

33

自分に問う習慣を持つと、ありのままで生きられる

さて、本書で一番伝えたい直感力を高める方法があります。それは「自分に質問をする」ことです。質問力がある人は、直感力も高いのです。

自分に質問をして、答えが得られないとき、脳は空白状態になります。脳は空白を嫌い、その空白を埋めるために納得する答えを得ようと、無意識にアンテナを立てます。

そして、脳のＲＡＳ機能が、アンテナまたはフィルターとして働き自分の質問の答えのリサーチを始めます。その答えを出すのに不必要な情報はフィルターを通さず遮断し、必要な情報はフィルターを通して入ってくるのです。

また、先述した通り、潜在意識の深層部は集合的無意識でもあり、すべての人々とつながっています。つまり、**過去の人々の知恵や現在の頭のいい人ともつながる叡智の集合体でもあるので、自分の潜在意識に質問を投げると、自分だけでは導き出**

せないはずの答えも、集合的無意識の奥底から与えられるのです。

今は情報社会で、何を選択して、何を捨てたら良いかが分からなくなっています。人々は考えることがどんどん面倒になり、思考停止し、影響力や権威ある人の言葉を鵜呑みにして信じてしまう傾向にあります。こんな時代だからこそ、自分の直感を信じて、自分の答えを出すのです。

コーチングの基本理論の中に「答えは自分の中にある」というものがあり、それは自分に質問をすれば、その答えを自分の中に探し始めるということです。

質問をするということは、無意識での答え探しが始まることなので、ふさわしい答えが見つかったときに、「ピコーン！」というひらめきのような形で直感が働くのです。質問が多ければ多いほど、無意識のアンテナが立ち、直感が答えを教えてくれます。

素直に生きている人が直感を使えている人です。直感を鋭くしたいなら、本当は、難しいスキルなどはいらなくて、よく寝て、よく食べて、たくさん遊び、好きな人と一緒にいて、笑っていることが大切なのかもしれません。

さらに、質の良い質問を自分に投げかける習慣があれば、それだけで直感は冴えてくるものです。あなたの心が喜ぶことというのは、あなた自身がゆるむことでもあります。忙しくて、精神的にも身体的にも無理していて、本心を語らず、相手に合わせてばかりいるキツキツの状態だと、潜在意識の扉が開きにくくなり、直感はどんどん鈍っていきます。

好きなことをできていない状態は、本当の「自分」を生きていない状態です。

あなたがあなたらしくのびのびと生きることができたとき、自分の気持ちも分かり、潜在意識にアクセスする感覚をつかむことができます。

34

新たなものを入れるために、まずは、2割を手放そう

海外に行くと、磁場の影響なのか、環境の変化からか、思考が変わります。私の場合、仕事の面でのアイディアだったり、方向性だったりと、必ず新たな何かが見つかります。それを行動に移した場合は、必ず成果を受け取ります。

思考が変われば視点が変わる。視点はより高くなり全貌が見えるようになるので、未来のやるべきことがかなり明確になります。

アンテナを立てずにただ観光するだけの目的だったら違ったかもしれませんが、あるときの海外旅行では行く前から「この旅行には何か大きな意味がある」と直感しており、まさに、その後の仕事の展開を変えるような大きな情報を手にして帰ることになりました。

一番のメッセージは「手放すこと」でした。新たな時間が必要になったのです。

手放すタイミングというものがあるのですが、それは大きく分けると2パターンあります。

①次のステージに行くとき
②現状でうまく回っていないとき

このようなときには、ほとんどのケースで手を放すことが必要となります。手放すものに関しても、幾通りかあります。

- 物
- 凝り固まった思考
- 自分のやり方
- 疲れる人間関係
- 労働
- 行動

新しい何かを始めることは、実は簡単です。難しいのは、これまで握りしめていたもの、または長きにわたって継続していたことを手放すこと。これには大きな勇気がいるものです。

しかも、ビジネスの場合は、いつか必ず停滞期というものが来ます。少しずつ何か変化していかなければならないのです。そこで参考になるのが、世界を股にかけてビジネスをしている友人の成功法則。それは……

いつものことをやる8割と、違うことをやる2割。そして、その2割でホームランを狙う。

……というやり方です。もしかしたら2割の違うことをやるときには、不安があるかもしれませんし、何かを手放す必要があるかもしれませんが、それでも通常続けていることの8割があるので恐怖心は少ないのです。

手放した後、新たな何かが入ってくるのは、脳も潜在意識も空白を嫌い、そこを埋めたがる、という性質があるからです。

ですから、スペースが空いたその部分には、放置していても何かが入ってきますし、計画的にそこに、新たなものを2割入れても良いのです。

次なる人生のステージに行く場合か、なんとなくうまく回っていない停滞期や低迷期に入っている場合、**「私は何を手放したら良いだろうか？」と自問してみてください。**

実は「これだけは手放したくない！！！！」という、やたらと自分が執着しているものを手放したほうが良い可能性もありますので、考慮してみてはいかがでしょうか。

35

顕在意識を使った、21日間で習慣を変える方法

ここまで、潜在意識からひらめく直感の大切さばかりを説明してきましたが、意識の中で使っている割合が、3%とも5%ともいわれている顕在意識にも、実はとても大切な役目があります。

たとえば、「習慣」は潜在意識にカテゴライズされます。潜在意識の表層部分にあり、癖や口癖などもそこに入ります。無意識の部分にありながら、自分でもコントロールできる部分です。ある行動が無意識でもできるようになるのは、それが潜在意識に定着した証拠。

しかし、潜在意識に定着していても、取り除きたいと思っている習慣や癖は、意識的な部分である顕在意識を活用すれば、望んでいる自分になることができるのです。新しいセルフイメージや習慣、口癖を定着させたいときも、意識的な部分、顕在意識を活用しなけ

ればなりません。なぜなら、顕在意識は司令塔のようなものだからです。

たとえば、毎日10分エクササイズしてから寝る、という習慣を定着させたいとします。動機付けがあると行動力が増しますし、その動機付けが強ければ強いほど、継続できます。ですので、「なぜ自分はそれをやりたいのか？」という行動の結果のメリットとデメリットを書き出してみてください。書き出しは意識的な部分を使うことになります。

人の動機付けの傾向には、2種類あります。ひとつは、目標達成型。もうひとつは問題回避型。前者は、それを手にしたときのワクワク感や楽しさ、目標に向かって行動したくなること。そして後者は、「……になりたくない」という問題を回避したい、との動機、思考です。どちらが良い悪い、というのはありません。私は、どちらもあります。

美容に関しては、太りたくないとか不細工になりたくない、などの動機と共に、美しくいたい、スタイルが良くありたい、という動機もあり、ビジネスに関しては、目標を達成するワクワク感という動機と共に、お金がない生活は嫌だという問題回避の動機もあるわけです。

いずれにしても、何かやることが決まったら、何がなんでも2週間続けてみましょう。

潜在意識に定着するまでは、顕在意識の部分を使って思考と行動を意識して変えるのです。2週間が長いと感じるなら、まずは3日間を目指し、その後に1週間を目指し、1週間できたら2週間。基本的には、2週間あれば習慣化するのですが、さらに1週間頑張ると、それが定着します。よくいわれている、21日間、頑張ってみようということですね。

神様からいただいた機能に無駄は何もありません。直感や潜在意識はもちろん大切ですし、楽しいことやワクワクすることも大切です。しかし、その反対のこと、顕在意識や思考、問題回避的な考え方なども、生きていく上では大切で、そのバランスこそが重要なのです。

たとえば、肺がんになった人が、医者からタバコをやめなさいといわれてやめるのは、ワクワクが伴っているわけではありません。これ以上悪化させたくない、死にたくないといった、それを回避したい、という動機が強いのでやめられるのです。それらは自然にできることではなく、意識的（顕在意識を使って）に自分をコントロールする必要がありま す。コントロールできていないと、いつのまにかタバコを手にして火をつけて吸ってしまうことでしょう。

では、どうやったら顕在意識をもっと活用できるのでしょうか？　それは書き出しです。

書き出しをすると、左脳が働きます。感情を抜いて冷静になれるのです。できれば、パソコンでの書き出しより、紙に書くことをお勧めします。より冷静になれますので。

小さな目標、明日のＴＯ ＤＯリストを書いて実行することなども、それに入ります。月初の目標を書くのもそう。年間目標を書くのもそれにあたります。

人は、立てた目標がどんなに小さくても、達成したときに脳内で快楽物質が出ます。ＴＯ ＤＯリストを書いて、完了して横線を引いただけでも出るのです。

つまり人の脳は、目標を達成したときに、真の喜びや達成感、充実感が湧き上がるようなつくりになっているのです。そして、脳の機能上、目標を立てたら、そこに向かいたくなりますし、そこに到達するために必要な情報を勝手に集めてくれたりします。潜在意識だけではなく、意識して継続したことや努力がその達成感をもたらすのです。

自分との約束を守れるような強さや、継続力、忍耐力なども、意識的に行なうことで培うことができます。顕在意識もどんどん活用していきましょう。

36

いつもと違う場所に行くことで、子どもの発想を取り戻す

直感力は、取り入れた情報量に比例します。読書をすることで、その知識が後でひらめきの要素になりうることをお伝えしましたが、ひらめくためには情報は欠かせません。たくさんの情報を取り入れれば取り入れるほど、ひらめきやすくなります。何もないところからは、結局何も出てこないからです。直感力とは、蓄積された知識や知恵が、潜在意識の中で超高速で整理されて、あなたに最もふさわしくカスタマイズされた情報を「はい！　これ！」と、ポン！　と出してくれる力のことです。

潜在意識にある、過去の経験、取り入れた情報、たくさんの記憶の引き出しの中から、ひとつの引き出しがビョーーーンと飛び出てあなたに教えてくれるものが直感なのです。

本を読んだり、映画を観たり、セミナーに行って学んだり、尊敬する人から話や経験などを聞いたりして、どんどん情報を取り入れていきましょう。

私はときどきおもちゃ売り場に行くことがあります。なんとなく行きたくなり、あちこち見てワクワクして、おもちゃを買って帰ります。リカちゃん人形を買ってみたり、ドラえもんのおもちゃや、ゲームを購入することもあります。

普段行かないところに行って、大人の思考を忘れる時間をつくることも、私にとっては直感力を高めるひとつの方法です。思考の制限を外すことになるからです。そうすると、童心に返ることができます。

子どもは、潜在意識の扉が常に開いた状態です。大人になるにつれ、その扉は固定観念や一般常識などに縛られ、なかなか開かなくなります。

しかし、子どもは大人にはない発想を持っていて、頭も心も柔軟なので、アイディアも豊富です。ですから、子どもが遊ぶように遊ぶことが直感を磨くことにもなります。

「お子さんがいらっしゃる人は有利ですね。いつも子どもを観察して学べるから」といいたいところですが、子どもを見る目が親の立場なので子どもの心になりきるのが難しい、ということもあります。子どもと一緒に遊んでいるとき、子どもと同じ視点になって遊んでいるかどうか、が大切になってきます。

たとえば、子どもは外で遊ぶとき、服が汚れるとかそういうことはあまり気にしません。

しかし、大人が子どもと遊ぶときは、左脳が働き「汚さないようにね！」「危なくないようにね！」と子どもにたくさんの制限をかけます。しかもネガティブワードで。また、自分も子どもと遊んでいるとき、頭のどこかで「服、汚さないようにしなきゃ」と制限をかけています（大人として当然のことでもありますが）。ですから、子どもと遊ぶときは、自分が子どもの年齢になったつもりになること。思考の枠を外して、思いっきり遊ぶこと。そうすることによって、子どものように柔軟な思考になり、潜在意識の扉が開きやすくなり、直感が働きやすくなります。私の知り合いの経営者たちは皆、子どものような思考をしています。思考の制限を取り払い、楽しそうなことを見つけ「どうやったらそれを実現できるのか？」といつもワクワクしています。それが最善の答えを得たり、直感が働くベースとなっているように思えます。

しかし、直感が鈍るときもあります。それは……

①自己否定しているとき
②人の意見を聞いてばかりいるとき
③一般常識や、固定観念にとらわれているとき

①の自己否定がなぜ、直感を鈍らせるかといいますと、ひらめいても否定する癖がつい

ているので、自分で受け入れることができず行動に移せないのです。「それいいかも！」と思っても、自分を信じていないので石橋を叩き過ぎて、かち割ってしまって通れなくなるか、石橋を叩いているうちに熱意が冷めて何も行動できなくなる、というパターンになるのです。

②と③は、周りの情報に縛られ過ぎて、自分のひらめきを信じられなくなり、「こうでなければならない」という固定観念が、いいアイディアやひらめきを潰すのです。

つまり、**自分よりも他の人の意見にばかり耳を傾ける習慣がついてしまうと、自分の直感を使わないでいるので、使わないものは、サビていき、なかなかひらめかなくなります。**ということで、直感を鋭くする方法をまとめると、

①たくさんの情報を取り入れる
②いつもと違う場所に身を置いてみる
③自分に質問する

これを意識することで、人生が変わっていくことでしょう。

CHAPTER 3

［実践編］今日からできる！直感を磨くトレーニング

37

カードやお気に入りの本を使って、答えを見つける

思考停止にならないように、直感を鋭くし潜在意識を開花させるトレーニングをしたいと思います。

用意するものは、タロットカードでもいいですし、オラクルカードなどの占いのカードをお持ちでなければ、あなたのお気に入りの本でもいいです。

それらのカードを引く前に、本なら開く前に、こう自問します。「……について、私に必要なメッセージをください」。質問はもっと具体的でもいいです。

「AとB、どちらにしたらいいか悩んでいます。どちらがいいでしょうか？」でもいいです。

そうすると、質問をしてからカードを引いたり、本をぱっと開いたりしてみてください。そうすると、不思議と、そこにあなたにとって必要なメッセージがあります。

本書にかんしてもそうです。読む前に、「今の私にとって必要なメッセージをください」

と自問してから読み始める。質問すると、脳はその質問の答え探しをします。与えられたものの中から答えを探し出すのです。

また、カードの場合、絵柄のイメージを自分なりにキャッチしてみてください。タロットなどは解説本がなくても大丈夫です。自分で勝手に解釈していいのです。それを潜在意識から出てきたメッセージとして受け取ってOKなのです。潜在意識は何でも知っているので、あなた用にオーダーメイドされたすごい答えを持っています。

楽しそうな絵だったら、質問に対する楽しそうな結果かもしれませんし、なにやら真っ黒なカードでしたら、慎重にせよ、というメッセージかもしれません。何であっても、イメージや絵柄の意味合いに自分で解釈をつけてみるようお勧めします。

私はブログの読者さんから「ワタナベさんのブログにちょうど、欲しかった事柄が書いてあった！」というコメントをいただくので、実はかなり多くの方が経験済みかもしれません。

答えが心に響くのなら、あなたの心の畑はやわらかい土で、様々なものを吸収しやすい良い土壌になっています。質問に対してのアンテナが立っている状態なので、あなたの興味や関心があることを情報収集してくれるのです。

逆に、キャッチしにくい人の傾向もお伝えします。それは、「答えはこうです」と誰かにいわれたときに、考えもせず思考が停止したまま受け取ってしまう癖があることです。それを継続してしまうと、自分の中に答えを探す、または潜在意識に問いかけることをしないので、直感がどんどん鈍っていきます。

情報発信の仕方の基本として、度々「いい切る」ことが必要だといわれます。しかし私は、それは危険なことのような気がしています。なぜなら、人は感じ方も、やり方も違いますし、成功の方法論なんてたくさんあるからです。

発信者は、自分のメソッドについて自信を持って伝えています。しかし、すべての人にあてはまるか？　といったらそうではないのです。

ですから、情報の受け手は、すべてを信じて真に受けることなく、自分の直感の声に耳を澄まして、自分に合った方法を感じ取る必要があります。

潜在意識の答えをキャッチしづらく、何をどうしたらいいか分からない人は、あちこちのセミナーに行ったり、お茶会に行ったり、教材を購入したりします。しかし、できれば、自分の直感でこれ！　と思った方法をひとつだけ選んで、徹底的にやってみるほうがいいと思います。

誰かにとってAという答えが適切だったとしても、あなたにとってもAが正解だとは限らないのです。他人の成功法＝自分の成功法とはいえません。

カードを引くにしても、本を開くにしても、勝手な意味づけをしているだけなのではないかと思っていらっしゃる方もいると思いますが、そうではないのです。ふと出てきた答えは、あなたの潜在意識からの答えだからです。

中にはメッセージが出てこない人もいます。それは、潜在意識の活用法を忘れてしまった人です。子どもの頃は、潜在意識の扉は常にパッカリ開いている状態なのでアクセスするのが上手だったかもしれませんが、大人になるにつれて、左脳的な生き方や人人や周りの人々の意見を鵜呑みにするように教育されてきたので、やり方を忘れたのです。

メッセージが浮かんでこなかった人は、もう一度こう自問してみましょう。「もし、メッセージがあるとしたら……それはなんだろう？」

適当に出したように感じる答えであっても、あなたにとってすごい答えだったりすることもあります。カードを引いて、または本を開いて目に飛び込んできた言葉、というのは潜在意識からの答えなのです。きちんと受け取ってください。

38

直感が働かなくなったときは自問自答を繰り返す

いつも誰かに答えをもらっていると、直感が鈍くなったり、潜在意識からの答えをキャッチしづらくなったりします。これからは、自分の心の奥底に尋ねる習慣を持ってみてください。前の章でも触れましたが、直感をひらめきやすくするためには、自分への「質問」を続けることが大事です。

最近直感が働かないな……と思っているならば、まずは自分に「今どんな感情なのか？」と尋ねてみることです。単純に、**「今の自分は『快』なのか、それとも『不快』なのか？」と質問することから始めてみましょう。**次に、抱えている問題に対して**「もし、……だとしたら」という質問をしてみてください。**

たとえば、「もし、スティーブ・ジョブズだったら何というだろうか？」「もし、自分が魔法のランプを持っているとしたら、どうするだろうか？」「もし、何でもうまくいくとしたら、何を選ぶだろうか？」「もし、尊敬する人と同じ思考を持っていたら、どうするだろうか？」「もし、マザー・テレサなら、何というだろうか？」。

このように仮定して、こじつけでもいいので自分の答えを出してみることです。ジョブズだろうが、魔法のランプだろうが、尊敬する人だろうが、マザー・テレサだろうが、今答えを出しているのは、あなたになります。そこには、間違いも失敗もありません。

直感や潜在意識からのメッセージの通りに動いた結果、失敗したり、最初は苦しかったとしても、長いスパンで見たときには、帳尻が合うようになっています。全部、あなたのためになることばかりです。

潜在意識は大きな源、ソースです。そこは、あなたの習慣や癖、セルフイメージ、もっといえば、すべての人の集合的無意識でもあり、もっともっといえば、過去に存在していた人々の知識や経験や知恵が収まっている巨大なソースなのです。

そこにアクセスすることによって、素晴らしい人間からもらったアドバイスよりも、はるかに優れた叡智に触れることができます。ここを活用しないなんてもったいない。

潜在意識の声が聞こえなくなっているときでも、「聞こえない」「分からない」「難しい」といわないようにしましょう。そういった途端に自分にリミットをかけてしまうことになり、そこからの答えをキャッチできなくなってしまいます。「もし、……だとしたら」の質問を使って潜在意識からの答えをキャッチしましょう。

「もし、……だとしたら」を使った、もうひとつのトレーニングがあります。よく使われる質問ではありますが**「もし、1億円が入ってきたら何に使う?」の答えを書き出してみましょう。**やり方にはルールがあります。まず、タイマーかストップウォッチ、そしてノートとペンを用意してください。そして、3分間で使い道を考えてすべて書き出してください。

貯金、家を建てる、車を買う、のようなことではなくて、体験と学びに注目した使い道を書き出してみてください。

3分間で何に使うか書けなかったらゲームオーバー。1億円は入ってきません、という条件をつけて、「よーい、ドン!」で本気の本気で1億円の使い道を考えてください。

3分という時間を設けたのは、長く考える時間があると現実的な考えになってしまい、創造的な思考が使えなくなるからです。むしろ、直感でポンポン出したほうが答えが見つかります。

これはゲームなので、思考のブロックとリミットを外して楽しんで出せば良いのです。

潜在意識からの答えというのは、ゆっくりじっくり考えたときよりも急いでいるときのほうが出やすいです。「早く！　早く！　早く！」と急かされると、顕在意識はお休みして、潜在意識の扉が開き、「とりあえず答えなきゃ！」と答えを探しますので、見つかった答えが、案外、本質的な答えであることは多いのです。

たとえば、何かひらめいたときに、「いや、もっといい考えがあるはずだ」と思ったとしても、回り回って最終的に最初の答えが一番良かった、ということはよくある話です。成功する人は行動が早いので、それを無意識に理解していて、ぱっと浮かんだことは、ぱっと行動に移せるようになっています。これもまた経験とトレーニングです。

たとえ1億円が入ってこなくても、そのノートに書き出したことは、いずれできることです。実際に3分以内で書けたことで、1億円が入ってこなくてもできることはいくつあったでしょうか？　チェックを入れてみてください。

すぐできそうなことはありましたか？　今年中に計画を立てたらできそうなこと、3年計画でできそうなことはいかがでしょうか？

そんなふうに、質問の仕方を変えるだけで、あなたの潜在意識の奥底から真の答えが出てきます。質の良い質問は質の良い人生をつくります。

WORK

3分間で、1億円の使い道をノートに書き出してみましょう（貯金や投資、家を建てる、車を買う、以外で）。

39

尊敬する人に向けて、悩みを書き出す

ここでは、どんな人でも潜在意識からの答えを見つけることができるようになるワークをしてみます。この方法はとても簡単で、そしてこれからの人生で直面する問題の解決方法や最高のアドバイスを、誰にも相談せずあなたひとりで導き出すことができるようになります。

まず、**あなたの尊敬する人、会ってみたい人を3人挙げてください。**もうこの世に存在しない人、または歴史上の人物などでもいいです。それは誰ですか？

それぞれの人に向けて、自分の悩み、迷っていること、どうしたらいいか分からないことなど、聞きたい質問をノートに書いてください。

想像してみましょう。あなたの一番落ち着く場所で、その人とお茶を楽しみ、雑談し、そしてあなたの悩みへのアドバイスをもらうのです。3人に違う質問をしてもいいですし、

同じ質問をしてもいいです。あなたの尊敬するその人はあなたになんとアドバイスをするでしょうか？

潜在意識の奥底は、すべての人とつながっています。あなたが尊敬する人ともつながっています。きっと良いアドバイスがもらえることでしょう。アドバイスが聞こえたときに、「いや、これは私の答えだ」と思わなくてもいいのです。

それはあなたの思考ではなく、潜在意識の奥底にある叡智からの答えだからです。良い質問を自分に投げかける習慣さえあれば、あなたは常に直感、潜在意識に従った最高の答えを知ることができるようになります。

「答えは自分の中にある」。これはコーチングの基本理論で、その引き出し方はたくさんありますが、この方法は、いつでもどこでも何も持っていないときでもできる、とてもいい方法です。

楽しみながらやってみてください。あなたは最高の答えを得る方法を手にしたのです。

WORK

1

あなたの尊敬する人、会いたい人を3人書き出してください。

1

2

3

2

疑問、悩みを3人それぞれに向けて書いてみてください。

1

2

3

3

その答えは何でしょうか？ 書き出してみてください。

1

2

3

40

潜在意識の扉が開いている5歳に戻って考えてみる

次に、潜在意識の声をキャッチするトレーニングです。**声をキャッチしにくくなっているときは、5歳のあなたに戻ってみましょう。**

5歳の私なら、どう考える？　5歳の私なら、何を選択する？　5歳の私なら、どう思う？　どう感じて何をする？

子どもは何かをするときに、できるかできないかということで判断しません。とりあえずやってみます。思考に制限がかかっていないのでやりたいと思ったことは成功する確率も高いです。

素直なので、やりたいか？　やりたくないか？　おもしろいか？　おもしろくないのか？

悲しかったら泣いて、悔しかったら泣いてわめいて、うれしかったら飛び上がって喜ぶ……。

子どもは本能的に生きているので、潜在意識の扉が開いています。ですから、大人には思いつかないような考えがポンポン湧いてきます。大人もトレーニング次第でそのようになれます。意識的に、子どものように潜在意識の扉を開いて、そこからのメッセージを受け取りやすくしましょう。潜在意識の声は、こういったときにヒョッコリ出てきます。

- お風呂に入っているとき
- ウォーキングしているとき
- 朝の目覚めのとき
- 夜、ベッドに入ってウトウトし始めたとき
- 洗濯物を干しているとき
- 急いで答えを出そうとしているとき
- 酔っ払っているとき
- 瞑想しているとき
- ボーーッとしているとき

これらの状態は、顕在意識があまり働かず、潜在意識の扉がパッカリ開いているときです。そういうときによぎる思いや感情を意識してみてください。その思いついたことと、

調和した行動をしていると、あなたにとって最高の答えが得られることでしょう。

もし思いついたことが現時点では実現不可能だとしても、「これは無理！」といわないでください。できるから思いついたのです。それを信じることが大切です。**あなたの中にないものは、思いつきもしないということ。**お金がなくても、スキルがなくても、そこに到達するやり方がまったく分からなくても、世の中には、あなたの願いを実現する方法を知っている人はごまんと溢れているのです。どこでどうつながるかも分からないのです。潜在意識から出た答えは、神様からのＧＯサイン。しっかりキャッチしていきましょう。

WORK

イメージの中で5歳の自分に戻って考えてください。何でもできる大人になるとしたら、何をしたいと思いますか？　そしてそれらのうち、今すぐできることはありますか？

41

1日たった5分！
五感すべてを使って直感を磨く

五感と直感は関連があります。五感とは、視覚、聴覚、嗅覚、触覚、味覚です。そして、直感は第六感ともいわれているので、五感が働かない状態では、直感も働きません。ですから、直感力を磨くために五感を磨くということは大切です。そして、簡単に磨くことができます。

美しいものを見て感動すること、花の香りを肺いっぱいに吸い込んでみること、フワフワした毛布や触り心地のよいペットの毛並みを手で感じること……。こうした、何でもない事柄が直感を磨くことになるのです。様々な直感力を磨く方法の中で、特に手軽にできるものをご紹介しましょう。

リラックスした姿勢で周りの音に耳を澄まします。静かで何も聞こえないと思えるような環境で何も音がないと思い込んでいたとしても、耳を澄ましただけで複数の音を拾うことができるはずです。私も本当に静かな環境で試してみましたが、数えてみたら8つの音を拾えました。

たとえば家だと、パソコンのファンが回る音、冷蔵庫がうなる音、リビングの時計の針がカチカチと動く音、自分のお腹がグルグルと鳴る音。外では、チュンチュンという小鳥のさえずり、遠くでキャッキャとはしゃぐ子どもの声、遠くから聞こえるバイクをふかす音、布団を叩く音……普段ならどれも、意識しないと聞こえない音です。

次に、嗅覚。**リラックスしているときに感じる匂いに集中してみましょう。**私は初めてこのトレーニングを試したとき、自分の髪の毛から香るシャンプーの香りに気づき、次に庭のバラやローズマリーの香り、そしてシロツメクサの香りを見つけました。実物が目の前になくても、思い出しただけでその香りを実際に嗅いでいるかのような気持ちになれるものです。このようにして、五感をトレーニングしていきます。

1日たった5分だけで大丈夫です。ソファにでも座って、リラックスしながら五感のトレーニングをしてみてください。毎日続けていると、もっともっと直感力が磨かれていきます。

ある脳科学の先生が「五感は自分に必要なことを知っている」とおっしゃっていました。

たとえば、「久しく映画を観ていないから観たいわ」と思う場合、しばらく脳の視覚の部位を使っていないからそう思うわけなので、視覚を意識して使うと良いそうです。また、デパートへ行って通りすがりにフッと香るアロマを嗅いだときに、「ああ、なんて癒される香り。もっと嗅ぎたい」と思ったら、嗅覚を使うと良いそうです。

つまり人間は、潜在的に五感のどの部分を使っていないかを分かっていて、それに気づくようになっているということ。五感はバランス良く使うようになっているのですね。

普段の生活で、花の香りを嗅いだり、見て楽しんだり、音楽を聴いて感動したり、肌触りのいいものの感触を楽しんだり、味付けを薄くして素材の味を楽しんだり……意識して五感をいっぱい使いましょう。

総合的に考えると、先述しましたが、定期的に「自然」と触れ合うことは五感のすべてを使うことになるため、ときに環境を変えて自然の周波数にチューニングすべく、自分の五感、潜在意識を普段から整えておきましょう。

WORK

すべての音を消して、心地よいソファに深く座り、目をつむり、深呼吸を何回か続けて、リラックスしてください。

□ **視覚トレーニング** まぶたの色は何色でしょうか？ 目をつむっていますが、何か見えますか？

□ **聴覚トレーニング** 何種類の音が聞こえますか？

□ **嗅覚トレーニング** 今、どんな匂いがしますか？

42

想像できることは創造できること。これからの自分を書き出す

私は毎年「未来手帳」という手帳を出版しています。その中のワークに〝10年後の自分からの手紙〟というものがあります。これは、10年後の未来の自分から、今の自分への励ましやアドバイスを書くというワークです。私は昨年それを事細かに書きました。新たに強力なキーパーソンに出会うことや、出会う時期、そしてその年に成し遂げることを詳しく書いたのです。あれから1年。書いたことなどすっかり忘れていましたが、読んで鳥肌が立ちました。書いたことが1年くらいかけて、すべて叶っていたのです。

振り返って考えてみたとき、案外「最初から分かっていた」ということは、あなたにも経験があるかもしれません。それはつらいことであっても同じです。

たとえば離婚をしてつらい思いをしている人がいたとします。離婚はその人にとって、青天の霹靂《へきれき》だったかもしれません。しかし、その人に次のような質問をします。「あなた

が最初に離婚を考えたのはいつですか？」と。「いや、そんなこと考えたことはないです」と最初は答えるかもしれません。

もう一度同じ質問をしてみます。少し時間が必要かもしれませんが、離婚は青天の霹靂といっていた人でも、初めて離婚を考えたのは、結婚して3年後だった、とか随分昔に「この人と離婚したらどんな生活になるのだろう？」と考えたことがあった、と答えることでしょう。

そう考えたから現実になったという説もありますが、私はそうは思いません。実は、直感や潜在意識の集合的無意識から、早い段階で答えをキャッチしていたのです。

この例でいえば、私が今のライフスタイルを考えたのはいつか？ と振り返ったとき、今から20年以上も前だったことに気がつきました。今は現実となっていますが、そうなることを直感で気づいていたのです。

今思っていることはいつか形になる可能性がある、ということです。「想像できることは創造できること」。今後について、最後のワークをやってみてください。

WORK

これからのあなた。今後、何が起きそうですか？　分からないと思わないで、「こうなるような気がする」と直感的に思ったことを書き出してみてください。

あとがき

直感での判断について、最後に伝えたいことがあります。これを書くことで、すべてがひっくり返ってしまう可能性もありますが、お伝えしたいと思います。

「直感での判断だと思ったのに、間違ってしまったー！」ということを誰もが経験したことあると思います。

しかし、それは間違いではありません。すべての物事は、点ではなく線でつながっていて、そのときの結果だけを見ると間違いや失敗に思える選択もまた、長い人生のタイムラインで見れば、その失敗は必要なことで、やっぱりそれは正解だった、ということがあります。

では、何が正解で何が間違いか？　実は、何も正解ではなく、何も間違いではありません。そこにあるのは観察者である自分の認知と判断だけ。あなたがどういった物事の見方をするかで、天国が地獄になったり、地獄が天国になったりするわけです。

自分の中で働いた直感で選択したことが、とんでもない結果を招いたとしても、それはこの地上に来る前に自分が決めてきた人生をシナリオ通りにするための経験のひとつ……かもしれません。

誰もが平坦な人生ではありませんし、直感をキャッチしやすい人であっても、失敗がないというわけではないのです。

人生には、山も谷もあって、そこで転んで立ち上がって、そしてまたこけて……というような、おもしろそうなシナリオが待っています。

ですから、何を選んでも間違っていなかった、ということになります。

人は、物事を二極で考えてしまいがちです。お金持ちが良くて貧乏が悪いとか、幸せが良くて不幸せが良くない、成功が良くて失敗はダメ、健康が良くて不健康が悪い……。

そもそも何が良くて何が悪い、ということはなくて、悪いことがあるからそこから大切な教訓を得て知恵をつけることもできます。成功の裏側を学ぶために、直感が選ばせた、という可能性も否定できないのです。結局は全部良かった！となるのです。

たとえば、直感で選んだ仕事があったとしましょう。しかし、それはとんでもなく忙しくてつらい。直感で選んだのに、それは間違いだったのかも……と思うかもしれません。

ですが、その職場でのちに配偶者になる人と出会ったら、その仕事を選んで良かったね、ということになるでしょう。しかし、結婚したときは幸せで良かったものの、子どもが生まれると、妻は子どもにかかりっきりになり、夫婦としての絆はどんどん薄れ、すれ違いと喧嘩ばかりの日々が続くようになる——。直感でその人と結婚する決定をしたのに、間違いだったのだろうか？　その後、仕事が忙しくてストレスも半端なく、免疫力が下がって病気になってしまった。仕事も家庭もめちゃくちゃだ。その仕事を直感で選んだのは間違いだったのだろうか――？

しかし、病気がきっかけでそれからの生き方を考えて、家族との時間を取り戻し、これまでにない家族愛を知り、そして今まで以上に幸せな生活を送って、でも結局病気が原因で亡くなってしまった。では、亡くなってしまったからその仕事を選んだのは間違いだったのか――？　ということになるのでしょうか。

間違いではありません。つまり、直感が働いたことに従って選べば失敗がないということではなくて、自分にとって必要なことを人生の中で学ばされているのです。それも直感による選択なのです。

お伝えしたい大切なことは、直感や潜在意識からの答えは、失敗しないものをひらめかせてくれるわけではない、ということ。失敗、痛み、苦しみからも学ぶことがあります。

つまり、それらも含めてすべて予定通りということです。

潜在意識は、その深層部である集合的無意識というところにつながっていることをお伝えしました。自分で選んだことは、無意識の中では想定済みで、成長するための過程を楽しんでいます。

ですから、直感で選択したことの中に、すぐに成功が得られないことがあっても、焦らないでください。良い結果になるかどうかは、あなたの観察の仕方、解釈の仕方、そしてそこからどれだけ成長できるか次第なのです。

若い頃は、自分の選択をよく後悔しました。「あのとき、あれさえ選ばなければ、こんなことにならなかったのに」「あのとき、別の選択をしていれば、失敗はしなかったのに……」。そんなことが、あなたの人生にもたくさんあるかもしれません。しかし、何を選択しても同じ結果であることが今なら分かります。ネガティブに捉えるか、ポジティブに捉えるか、それだけだからです。

今は、後悔は何ひとつありません。過去の迷いにおいても、そのときのその選択がなければ、今の私はどこにも存在していないわけですから。直感が外れたと思っても後で高い視点から観察したときに、その外れたかに見える決定こそが、とても大切な選択だった、ということさえあるのです。

今思えば、あのときの痛い思いが役に立ったんだな……とか、あのとき泣く泣く引っ越したけど、引っ越したおかげで今の環境を得られているんだな……とか、つらい思いをしたおかげでこんなに大切な愛する人との出会いがあったんだな……とか。どれも感謝すべきことなのです。

しかし、自分の決定が招いた苦境の渦中にあると、そんなに前向きに考えることはできないでしょう。そんな苦しいときは、ただただひたすらそこから抜け出るのを待つのみです。天にその問題を丸投げして、自分はただただ川の流れに身をゆだねるかのように、自然に湧く感情を味わってみましょう。

とらわれている感情に浸り切ったときに、心が解放される瞬間が訪れます。そのとき、初めて楽になれるのです。

直感で選んだことが、失敗になるのか、それとも今後に役立つ、成功するために必要な経験になるのか、それはあなたの解釈次第です。

2019年6月吉日　ワタナベ薫

参考文献

・『なぜ美人ばかりが得をするのか』ナンシー・エトコフ　木村博江＝訳（草思社）
・「『正直、無理…』と思う女性の特徴ランキング」gooランキング
・『思考は現実化する』ナポレオン・ヒル（きこ書房）
・『ギリシア・ローマ神話辞典』高津春繁（岩波書店）
・『7つの習慣　成功には原則があった！』スティーブン・R・コヴィー　ジェームス・スキナー、川西茂＝訳（キングベアー出版）

Book design : Hiroshi Kitta (attik)
Cover photo : Shutterstock

ワタナベ薫 1967年生まれ。仙台在住。メンタルコーチ、作家、ブロガー。株式会社WJプロダクツ代表取締役。美容、健康、メンタル、自己啓発、成功哲学など、女性が内面、外面からきれいになる方法を独自の目線で分析して、配信している。著書に『美人は「習慣」で作られる。』(小社)、『生きるのがラクになるネガティブとの付き合い方』(マガジンハウス)などがある。

人生が変わる!
「直感」の磨き方

2019年6月25日 第1刷発行
2023年4月10日 第2刷発行

著　者　ワタナベ薫
発行者　見城 徹

発行所　株式会社 幻冬舎
〒151-0051 東京都渋谷区千駄ヶ谷4-9-7

電話:03(5411)6211(編集)
03(5411)6222(営業)
公式HP:https://www.gentosha.co.jp/
印刷・製本所:図書印刷株式会社

検印廃止

ISBN978-4-344-03475-4 C0095

この本に関するご意見・ご感想は、
下記アンケートフォームからお寄せください。
https://www.gentosha.co.jp/e/